Adolf Kirchhoff

Über die Schrift vom Staate der Athener

Adolf Kirchhoff

Über die Schrift vom Staate der Athener

ISBN/EAN: 9783744617406

Hergestellt in Europa, USA, Kanada, Australien, Japan

Cover: Foto ©ninafisch / pixelio.de

Weitere Bücher finden Sie auf **www.hansebooks.com**

Staate der Athener

von

A. Kirchhoff.

Aus den Abhandlungen der Königl. Akademie der Wissenschaften zu Berlin 1874.

Berlin.

Buchdruckerei der Königl. Akademie der Wissenschaften (G. Vogt).

Universitäts-Strasse 8.

1874.

—

In Commission bei F. Dümmler's Verlags-Buchhandlung

(Harrwitz und Gossmann).

Gelesen in der Akademie der Wissenschaften am 11. Juni 1874.

Die Seitenzahl bezeichnet die laufende Pagina des Jahrgangs 1874 in den Abhandlungen der philosophisch-historischen Klasse der Königl. Akademie der Wissenschaften.

In die Sammlung der Xenophontischen Werke hat sich ein Stück, ich meine die Schrift vom Staate der Athener, verirrt, welches als das älteste Denkmal attischer Prosa, als welches es mit Recht bezeichnet worden ist, sowie durch seinen Inhalt ein ungewöhnliches Interesse in Anspruch nimmt. Die Frage nach der Zeit der Abfassung und der Person des Verfassers hat daher von jeher die Philologen lebhaft beschäftigt, ohne dass es bisher gelungen wäre, zu allgemein anerkannten Ergebnissen zu gelangen, obwohl, wenn man sich dazu verstehen wollte, die Untersuchung auf die nach Beschaffenheit unserer Hilfsmittel erreichbaren Ziele zu beschränken, eine Vereinbarung mir weder unmöglich noch besonders schwierig zu sein scheint. Ich glaube nämlich, dass es sich sehr wahrscheinlich machen lässt, dass die Schrift in der letzten Zeit des Archidamischen Krieges, nach der definitiven Besetzung von Pylos durch die Athener und vor den Erfolgen des Brasidas, also im Laufe des Jahres 424 vor Chr. geschrieben wurde, und dass ein Zweifel daran nicht bestehen kann, dass sie nicht von Xenophon herrührt. Ich halte für unbestreitbar, dass der Verfasser ein Athenischer Bürger von streng oligarchischer Gesinnung und gereifter Lebenserfahrung war, aber für völlig unerweislich, dass er seine Schrift an einem anderen Orte als Athen, im Auslande, etwa gar als Emigrant oder Verbannter, verfasste oder an die Adresse einer bestimmten einzelnen Person richtete, und für gewiss nur, dass seine Auseinandersetzungen nicht auf ein Athenisches Publicum ausschliesslich und noch viel weniger auf die Belehrung derjenigen berechnet sind, mit welchen Athen damals im Kriege lag. Genauere Bestimmungen sind unmöglich, und was über die angedeuteten Grenzpuncte hinausliegt, wird immer nur Gegenstand für Vermuthungen bleiben, die der Lage der Sachen nach auf irgend einen Grad von Evidenz keinen Anspruch erheben können. Es ist indessen nicht meine Absicht gerade diese Fragen hier einer eingehenden Erörterung zu unterziehen; vielmehr wünsche ich zunächst nur einen Beitrag zum besseren Verständniss der wichtigen Schrift dadurch zu liefern, dass ich den Grundschaden, an welchem ihre Textüberlieferung leidet, aufdecke und, soweit es möglich erscheint, zu heben versuche. Der Zustand dieser Überlieferung ist nämlich schon was den Wortlaut im Einzelnen betrifft ein geradezu kläglicher: abgesehen von einzelnen Glossemen wimmelt der Text von Wortverderbnissen und einer unverhältnissmässig grossen Zahl von kleineren Lücken. Indessen lässt sich ein Theil dieser Schäden ohne Schwierigkeit beseitigen und der Rest behindert doch nur das Verständniss im Einzelnen; viel schlimmer ist, dass der ganze Organismus der Darstellung sich in einem so heillosen Zustande der Zerrüttung befindet, dass das Verständniss des Ganzen als solches und der Theile in ihrem Verhältnisse zu einander und zum Ganzen zu einer reinen Unmöglichkeit wird. Schon oft ist über die Zusammenhangslosigkeit der Darstellung im Allgemeinen wie mit Bezug auf einzelne Theile geklagt worden, auch sind nebenher wohl hin und wieder Vermuthungen über die Ursachen der Erscheinung geäussert worden, ernstlich aber und unter Zusammenfassung aller in Betracht kommenden Momente ist man bisher der Sache meines Wissens nicht näher getreten. Ich unterziehe mich daher ihrer Untersuchung, welche ich für nothwendig und unumgänglich halte, trotz des deutlichen Bewusstseins von der Gefahr, die ich dabei laufe; denn es ist möglich, dass das Ergebniss, zu dem ich gelange, Manchem sich so abschreckend darstellt, dass er sich antipathisch dadurch berührt fühlt und wohl gar an dem Ernste meiner Meinung zweifelt.

Es ist für meinen Zweck nothwendig, um den Thatbestand darlegen und nach seiner Beschaffenheit characterisiren zu können, eine eingehende Analyse des Textes in dem Zusammenhange seiner dermaligen

Überlieferung zu geben; diese Analyse wird genügen zu zeigen woran es dem Texte fehlt und die Gründe unmittelbar erkennen zu lassen, welche ihn in seinen mangelhaften Zustand versetzt haben.

Über den Zweck seiner Auseinandersetzung spricht sich der Verfasser in der kurzen Einleitung mit deutlichen und klaren Worten aus. 'Was die Staatsverfassung der Athener betrifft', sagt er (1, 1), 'so billige ich es nicht, dass sie sich für diese (allgemein bekannte) Form der Staatsverfassung entschieden haben, und zwar desshalb nicht, weil dadurch, dass sie sich grade für diese entschieden, zugleich dafür entschieden haben, dass die schlechten Leute es besser haben als die guten; darum also versage ich meine Billigung. Aber ich werde beweisen, dass, da sie sich nun einmal so entschieden haben, sie vortrefflich sowohl ihre Staatsverfassung zu conserviren, als auch die anderen Angelegenheiten zu behandeln wissen, in Ansehung derer sie den anderen Hellenen zu fehlen scheinen'.

Hiermit ist nicht nur die Absicht, in der die ganze Erörterung angestellt wird, erklärt, sondern auch die Disposition angedeutet, nach der der Gegenstand behandelt werden soll; der Verfasser will beweisen erstens, dass die Athener mit Geschicklichkeit ihre demokratische Verfassung zu conserviren verstehen, und zweitens, dass auch ihr sonstiges Thun ein gleiches Lob und keinesweges den Tadel verdiene, welchen die öffentliche Meinung im übrigen Hellas ausspreche. Es muss anerkannt werden, dass alle Theile der Darstellung, wie sie die Überlieferung gibt, ohne Ausnahme zu der erklärten Absicht des Verfassers in näherer oder entfernterer Beziehung stehen, keiner geradezu überflüssig ist und keiner über das gesteckte Ziel hinausweist; dagegen lässt sich nicht behaupten, dass die angedeutete Disposition auch nur der Sache nach, geschweige denn in der Form, was allerdings nicht nöthig war, mit bewusster Consequenz durchgeführt ist; vielmehr liegen die einzelnen Bestandtheile der Darstellung ohne jede Rücksicht auf die in jener Disposition gegebenen leitenden Gesichtspuncte wüst durcheinander und zeigen überhaupt keine Spur einer bewusst gewollten Ordnung, obwohl im Einzelnen alle Elemente gegeben sind, welche zur Durchführung der wenigstens zu Anfang beabsichtigten Disposition von Nöthen gewesen wären. Es wird die Aufgabe der weiteren Analyse sein, den chaotischen Character, welchen die eigent-

4

liche Behandlung der gestellten Aufgabe in der Überlieferung trägt, ins
Licht zu stellen.

'Zuerst nun' beginnt der Verfasser die versprochene Auseinandersetzung 1, 2—3, 'muss ich das sagen, dass meiner Ansicht nach mit vol-
lem Rechte dort (in Athen) die Armen und der Demos eine begünstigtere
Stellung einnehmen als die Edlen und die Reichen, und zwar deswegen,
weil der Demos es ist, der die Kriegsschiffe rudert und der dem Staate
seine Machtstellung verschafft; die Steuermänner, die Rudervögte und —
rottmeister, die Untersteuermänner, die Schiffbauer, das sind die Leute,
welche dem Staate seine Machtstellung verschaffen, in viel höherem Grade
als die Hopliten, die Edlen und die Guten. Da nun dieses sich so verhält, so scheint es nur gerecht, dass alle an den Ämtern Theil haben bei
der Loosung wie bei der Handmehr und dass zu reden (nämlich in den
politischen Versammlungen) verstattet sei einem jeden Bürger der dazu
Lust hat. Zudem[1]) legt der Demos keinen Werth auf die Betheiligung
an allen den Ämtern deren Besetzung durch tüchtige Männer Heil, durch
untüchtige Gefahr für den Demos in seiner Gesammtheit bringt, wie z. B.
an den militärischen Ämtern der Strategen und Hipparchen; denn der
Demos begreift, dass er grösseren Nutzen davon hat diese Ämter nicht
selbst zu bekleiden, sondern den Vermögendsten zu überlassen. Dagegen
alle Ämter, welche mit Besoldungen verbunden sind, die sucht der Demos
zu bekleiden' (also ausser den Rathmännerstellen nur die niederen Beam-
tungen).

Diese Darstellung lässt an Deutlichkeit nichts zu wünschen übrig;
man hat sich nur zu vergegenwärtigen, dass im Sinne des Verfassers zu
dem τρόπος der Athenischen πολιτείᾳ, den nicht zu billigen er in den Ein-
leitungsworten ausdrücklich erklärt hat, vor Allem gehört, dass die Machtstellung des Staates von Athen vornehmlich auf Handelsbetrieb und Seeherrschaft gegründet ist.

----

[1]) Das Folgende führt nicht einen neuen, vom vorbergehenden unabhängigen
Gedanken ein, sondern unterstützt nur die ausgesprochene Behauptung durch den Hinweis darauf, dass der richtige Instinct der Massen die Gefahren beseitige, welche in der
Praxis sich aus der rücksichtslosen Durchführung des theoretisch richtigen Grundsatzes
ergeben könnten. Für ἔπειτα der Handschriften ist daher ohne Zweifel ἐπεί τοι zu setzen.

Es wird sodann zur Erörterung eines zweiten Punctes übergegangen (4—5): 'Sodann, wenn Manche sich wundern, dass sie (die Athener) überall die schlechten, armen und zur Masse des Demos gehörigen Leute vor den Guten begünstigen, so wird sich bei genauerer Untersuchung zeigen, dass sie gerade dadurch den Bestand der Demokratie sichern. Denn das Wohlbefinden der Armen, der zum Demos Gehörigen und der weniger Guten und das Steigen der Zahl von Leuten solchen Schlages hebt die Demokratie; lassen dagegen die vom Demos zu, dass die Reichen und Guten sich wohl befinden, so stärken sie dasjenige Element, welches zu ihnen sich im Gegensatze befindet. Es bildet aber aller Orten das Element der Besten den Gegensatz zur Demokratie; denn bei den Besten findet sich die wenigste Zügellosigkeit und Ungerechtigkeit, dagegen das meiste gewissenhafte Bestreben nach dem was gut ist, beim Demos dagegen die meiste Unwissenheit, Disciplinlosigkeit und Schlechtigkeit; denn die Armuth führt sie mehr zu dem was hässlich ist und die Bildungslosigkeit und die Unwissenheit wegen Mangel an Mitteln — —'

Der Schluss lässt eine Übertragung nicht zu, da in der Überlieferung die Construction nicht zu Ende geführt ist. Es kann allerdings nicht verwehrt werden, diesen Mangel auf ein blosses Wortverderbniss zurückzuführen und durch Emendation zu beseitigen; höchst auffällig aber bleibt, dass die Sache durch eine so kurze und ganz allgemein gehaltene Erwägung erledigt wird. Der Verfasser pflegt sonst durch sehr detaillirtes Eingehen auf die concreten Erscheinungen des staatlichen Lebens in Athen seine allgemeinen Sätze zu erläutern; danach erwartet man auch hier, dass die systematische Zurücksetzung der Reichen und Edlen und die Bevorzugung des gemeinen Mannes, welche 'überall' zu beobachten sein soll, durch Vorführung der bezeichnendsten Beispiele erläutert und in jedem einzelnen concreten Falle als natürliche und unvermeidliche Consequenz des allgemeinen Principes gerechtfertigt werde. Dagegen muss anerkannt werden, dass der Abschnitt seinem Inhalte nach passend an die vorangegangene Erörterung anschliesst.

Es folgt 6—9 die Widerlegung eines Einwurfes, den der Verfasser sich machen lässt. Zugegeben, dass die Bevorzugung des gemeinen Mannes und die Zurücksetzung der Reichen und Edlen im Staate von Athen eine Nothwendigkeit ist, wenn dessen einmal gegebene Form Bestand haben soll: 'aber es könnte jemand sagen, sie sollten nicht alle ohne Unterschied (in den politischen Versammlungen) reden und an den Berathungen sich betheiligen lassen, sondern (nur) die geschicktesten und besten Männer: sie aber berathen auch in diesem Puncte sich auf das Trefflichste, indem sie auch die Schlechten zum Wort verstatten'. Die kurze daran sich anschliessende Begründung dieser Behauptung schliesst mit der Bemerkung, dass zwar nicht auf dem Grunde solcher Gepflogenheiten sich der beste Staat aufbauen lasse, die Demokratie aber so am besten conservirt werde; denn der Demos wolle nicht bei guter gesetzlicher Ordnung des Staatswesens selbst in Unterthänigkeit leben, sondern frei sein und das Regiment führen; ob daneben die gesetzliche Ordnung eine schlechte sei, kümmere ihn wenig. Suche man gute gesetzliche Ordnung, so werde man sehen, dass die gesetzgebende Gewalt in den Händen der Geschicktesten liege; sodann würden die Guten die Schlechten im Zaum halten, die Berathung der Angelegenheiten des Staates Sache der Guten sein, und diese nicht zugeben, dass verrückte Menschen an den Berathungen, Debatten und Versammlungen Theil nehmen. Alle diese Vortheile aber würden ein schleuniges Herabsinken des Demos in Unterthänigkeit zur nothwendigen Folge haben.

Der Zusammenhang dieser Erörterung mit dem Vorhergehenden ist unverkennbar und auch der Inhalt des folgenden Abschnittes (10—12) schliesst sich in einer Weise an, welche einen Gedankenzusammenhang nicht vermissen lässt. 'Die Knechte dagegen', fährt der Verfasser fort, 'und die Pfahlbürger erfreuen sich in Athen der grössten Zuchtlosigkeit: weder schlagen darf man dort noch wird dir der Knecht aus dem Wege gehen. Wesswegen dies aber landesüblich ist, will ich auseinandersetzen', welches Versprechen demnächst erfüllt wird, indem der Verfasser bis zum Ende des Abschnittes in gutem Zusammenhange darlegt, dass die Verhältnisse in Athen eine andere Behandlung der nichtbürgerlichen Bevölkerung nicht räthlich erscheinen liessen, vielmehr ihr grössere Freiheit zu gestatten geradezu nöthigten.

Erwägt man, dass im Vorhergehenden bis Ende von 9 von dem Verhältniss der verschiedenen Classen der bürgerlichen Bevölkerung zu einander die Rede gewesen ist, so wird man es in der Ordnung finden, dass nunmehr eine Besprechung der Lage der nichtbürgerlichen, freien und unfreien, Bevölkerung angeschlossen wird, und einen passenden Gedankenzusammenhang und Fortschritt nicht vermissen. Wenn aber die Lage der letzteren als einen Gegensatz bildend bezeichnet wird (τῶν δ'αὖ δούλων u; s. w.), so kann dieser nur gefunden werden in dem Contraste, den die scheinbar liberale Behandlung der Nichtbürger zu dem Drucke bildet, der auf den 'Reichen, Edlen und Guten' unter den Bürgern lastet. Von diesem ist aber im Vorhergehenden nicht direct die Rede gewesen, sondern nur von der Bevorzugung, deren sich die 'Schlechten und Armen' zu erfreuen haben. Der Gegensatz ist also schief und es muss dieser Umstand in der Annahme bestärken, welche bereits angedeutet worden ist, dass nämlich zwischen 5 und 6 ein nicht zu entbehrender Theil der Ausführung fehlt.

Auch im Folgenden würde ein passender Fortschritt sich erkennen lassen, wenn 14—18 unmittelbar an 12 sich anschlössen. In diesem Abschnitte wird nämlich die Behandlung besprochen, welche die Athener ihren tributpflichtigen Bundesgenossen angedeihen lassen, und dieselbe als durch das Interesse des Athenischen Staates, wie er nun einmal ist, geboten und durchaus praktisch gegen mehrfache Ausstellungen gerechtfertigt; die Stufenfolge aber: bürgerliche Bevölkerung von Athen — nicht bürgerliche, freie und unfreie, Bevölkerung von Athen — Bundesgenossen wäre an sich nicht unangemessen und könnte beabsichtigt sein. Zerrissen aber wird dieser an sich mögliche Zusammenhang durch 13, in welchem Folgendes gesagt wird: 'a Diejenigen aber, welche dort (in Athen) die Turn- und Musenkunst betrieben, hat der Demos kalt gestellt, nicht weil er der Ansicht ist, dass dies nicht schön sei, sondern weil er begriffen hat, dass er nicht im Stande ist selbst mit diesen Beschäftigungen sich abzugeben. b Dagegen bei den Choregien, Gymnasiarchien und Trierarchien begreifen sie, dass die Last dieser Leistungen die Reichen zu tragen haben, der Demos aber den Vortheil davon hat. Wenigstens heischt der Demos Bezahlung, wenn er singt, läuft, tanzt und auf den Kriegsschiffen fährt, damit er selbst habe, die Reichen aber ärmer werden. c In den Gerichtshöfen aber kümmern sie sich nicht so sehr um das was recht ist, als um das, was ihnen Vortheil bringt'.

Es bedarf keines Beweises, dass dieses Stück weder mit dem vorhergehenden Abschnitt, in welchem von den Verhältnissen der Knechte und Pfahlbürger gehandelt wird, noch mit dem folgenden, in welchem, wie bemerkt, von der Behandlung der Bundesgenossen die Rede ist, in einem unmittelbaren oder auch nur entfernten Zusammenhange steht, und zu allem anderen sich eignet, als den Übergang von dem einen zu dem anderen zu vermitteln. Vielmehr hebt es jeden Zusammenhang zwischen beiden auf und kann daher unmöglich als an der richtigen und ursprünglichen Stelle stehend erachtet werden. Es schwebt aber nicht nur völlig in der Luft, sondern es bildet auch gar nicht einen selbständigen und in sich abgeschlossenen Theil der Darstellung, als welcher es nach der ganzen Tendenz und Anlage der Schrift die vollständige Rechtfertigung oder Begründung irgend einer Institution oder einer Verfahrungsweise der Athener enthalten müsste, ist vielmehr nur der Theil eines solchen Theiles. Der Anfang kündigt es als Fortsetzung eines Vorhergehenden an und der nur angedeutete aber nicht ausgeführte Schlussgedanke weist auf eine Fortsetzung hin. Von den drei Puncten, welche erörtert oder angedeutet werden, stehen nach Ausweis der zur Verwendung kommenden Partikeln (δέ—αὖ) der erste und zweite zu einander in logischer Beziehung: während der Demos, weil er es ihnen (aus Mangel an den nöthigen Mitteln) nicht gleich thun kann, den dazu Befähigten (nämlich durch den Besitz der nöthigen Mittel, also den Reichen) die Pflege gymnastischer und musischer Künste, also den liberalen Gebrauch ihres Reichthums, unmöglich macht, zwingt er die Reichen dagegen in der Leistung der kostspieligen Liturgien ihm voranzugehen, lediglich in der Absicht ihren Wohlstand zu untergraben, während er sich selbst bereichert, da er sich seine Leistungen bezahlen lässt. Der dritte Punct, dass dem Demos in den Gerichtshöfen Vortheil vor Recht gehe, führt einen neuen und selbständigen Gedanken ein, der aber, wenn er das Vorhergehende in vernünftiger und verständlicher Weise weiterführen soll, eine ausführende Erläuterung etwa in dem Sinne verlangt, dass der Demos seine Stellung in den Geschwornengerichten dazu missbrauche, die Reichen zu chikaniren und zu plündern (durch Vermögensconfiscationen und dergl.), während er selbst die Ausübung der richterlichen Functionen für sich zu einer Einnahmequelle mache (Richtersold). Ist aber dieses die Meinung, so gehört das Stück offenbar in den Zusammenhang einer umfassenderen Darlegung des Druckes, den der Demos in Athen mit bewusster Absicht und in seinem eigenen wohlverstandenen Interesse auf die Reichen ausübe, d. h. dersel-

ben Darlegung, von welcher aus verschiedenen Gründen bereits vermuthet werden musste, dass sie hinter 5 gestanden habe und ausgefallen sei.
Von dem folgenden Abschnitt, der von den Bundesgenossen handelt (14—18), ist bereits die Rede gewesen; er gibt zu weiteren Bemerkungen keine Veranlassung. Mit dem Schluss von 18 reisst der Faden
aber plötzlich wieder ab; wir lesen nämlich 19—20 folgende Ausführung:
'Dazu nehme man, dass sie in Folge des Besitzes im Auslande und der
Amtirungen im Auslande ohne es zu merken rudern lernen, sie selbst
und ihr Gesinde; denn nothwendig muss ein Mensch, der oft Seereisen
macht, ein Ruder nehmen, sowohl er selbst, als sein Knecht, und die im
Seewesen gebräuchlichen Ausdrücke lernen. Und gute Steuerleute werden
sie in Folge der Kenntniss der Curse und der Übung. Übung aber pflegen sie zu erlangen, die einen indem sie ein kleines, die anderen indem
sie ein grosses Handelsfahrzeug steuern; einige pflegen dann wohl weiter
die Leitung von Galeeren zu übernehmen. Die grosse Masse aber ist zu
rudern sofort nach Besteigung der Kriegsschiffe im Stande, da ein jeder
während seines ganzen Lebens vorher darin Übung erhalten hat'.

Am Schlusse des vorhergehenden Abschnittes war von dem Ge-
richtszwang der Bundesgenossen die Rede gewesen und warum die Athener ihn nothwendig üben müssten, oder wenigstens ohne Schädigung ihres
Interesses nicht aufgeben könnten. In unserem Stücke dagegen ist die
Rede davon, dass in Folge des Verkehrs mit den überseeischen Besitzun-
gen seemännische Kenntnisse und Fertigkeiten allgemein unter der Bevölkerung von Athen verbreitet seien und der Staat sich in der Lage be-
finde ohne Schwierigkeit und besondere Vorbereitungen seine Kriegsflotte
mit der nöthigen Zahl tüchtiger Steuermänner und Ruderer zu versehen,
und es wird diese Erwägung als zu anderen hinzukommend ausdrücklich
bezeichnet. Es liegt auf der Hand, dass letztere nicht in dem gefunden
werden können, was unmittelbar vorhergeht, und eben so klar ist, dass
das Stück auch nicht der Anfang eines neuen selbständigen Abschnittes
der Darstellung sein kann, zu dem von dem vorhergehenden, von den
Bundesgenossen handelnden, durch das 'dazu nehme man' der Übergang
gebildet würde. Zu dem Inhalt des Abschnittes von den Bundesgenossen
könnte das Stück in einer verständlichen Beziehung nur dann stehen,
wenn dort unter den zu rechtfertigenden Massregeln der Errichtung von

Kleruchien auf bundesgenössischem Gebiete ausdrücklich Erwähnung gethan und diese dann vertheidigt würde durch Aufzählung der Vortheile,
welche sie dem athenischen Staate gewährt und die dieser nicht entbeh-
ren kann, zu denen dann als zuletzt zu erwähnender der in unserem
Stücke hervorgehobene passend hinzutreten würde. Von einer solchen
Auseinandersetzung findet sich aber im Vorhergehenden keine Spur, und
sollte dies der Zusammenhang sein, so müsste zwischen 18 und 19 nothwendig eine Lücke angenommen werden. Es passt aber freilich unser
Stück an sich genommen sehr wohl auch in den Zusammenhang einer ganz
anderen Erörterung, nämlich in den einer rechtfertigenden Besprechung
der Thatsache, dass der Staat von Athen seine Machtstellung vornehmlich auf den Verkehr zur See und die Beherrschung des Meeres durch
seine Kriegsflotte gegründet hatte; es konnten in einem solchen Zusammenhange einerseits die Vortheile aufgezählt werden, welche eine solche
Stellung gewährt, anderseits die Umstände hervorgehoben werden, welche
Athen die Behauptung derselben ganz besonders erleichterte. Aber auch
in diesem Falle bildete unser Stück nicht den Anfang, sondern den Schluss
der Erörterung. Wie man sich also auch den Zusammenhang ergänzen
möge, dessen die Überlieferung gänzlich ermangelt, immer wird die Annahme nicht zu umgehen sein, dass vor 19 ein nicht unbeträchtlicher
Theil der Darstellung dermalen fehlt, der ursprünglich unmöglich gefehlt
haben kann.

Es folgt 2, 1—5 ein selbständiger Abschnitt, in welchem in wohl-
zusammenhängender und nur hin und wieder im Wortlaut arg verdorbener Darstellung auseinandergesetzt wird, dass der Stand der Landmacht
Athens, welcher ganz besonders bemängelt zu werden pflege, keinesweges
die Folge einer Vernachlässigung sei, sondern mit gutem Bedacht nicht
höher gebracht werde, weil es dem Gegner auf diesem Gebiete gleich zu
thun doch nicht möglich sei und die militärische Stellung Athens als der
die See beherrschenden Macht ihm verstatte mit einer weniger zahlreichen
und tüchtigen Landmacht auszukommen. Es ist deutlich, dass eine solche
Darlegung sich an das vorhergehende Stück 1, 19—20 dann ganz besonders passend anschliessen würde, wenn dieses, wie als wenigstens möglich
gesetzt werden musste, den Abschluss einer Erörterung bildete, welche
die Seemachtstellung Athens und das Gewicht, welches es auf seine Kriegs-

flotte legte, in apolegetischem Sinne, der Tendenz des Verfassers gemäss, behandelte. Was also oben nur als möglich hingestellt werden konnte, erhält durch dieses Moment eine Unterstützung, welche verstattet, es als wahrscheinlich zu bezeichnen.

Im Einzelnen ist der Gedankengang jener fünf Paragraphen dieser: der mangelhafte Zustand der Hoplitenmacht bei den Athenern sei das Ergebniss bewusster Überlegung und richtiger Würdigung der Verhältnisse. Sie fühlten sehr wohl, dass ihre Hopliten, auch wenn sie zahlreicher wären, den Gegnern (es sind die Lakedämonier gemeint) doch nicht gewachsen sein würden, dagegen seien sie ihren tributzahlenden Bundesgenossen auch zu Lande unzweifelhaft überlegen und meinten desshalb, dass der Stand ihrer Hoplitenmacht ausreiche, wenn er diese Überlegenheit sichere. Dazu komme, dass ihnen die Behauptung derselben wesentlich dadurch erleichtert werde, dass sie die See mit ihrer Flotte beherrschten. Denn da ihre Unterthanen der Mehrzahl nach Inselbewohner seien, befänden sie sich in der günstigen Lage, die räumliche Concentration der Streitkräfte derselben mit Leichtigkeit durch ihre Flotte zu verhindern oder unschädlich zu machen. Die auf dem Festlande wohnenden Unterthanen aber seien durch das Bedürfniss des Exportes und Importes zu sehr in Abhängigkeit von einer die See beherrschenden Macht gestellt, als dass es besonderer Mittel ausserdem bedürfe, um sich ihrer zu versichern. Sodann aber setze eine die See beherrschende Flotte in den Stand, auch mit einer schwächeren Landmacht angriffsweise gegen das Gebiet des zu Lande überlegenen Gegners vorzugehen; denn mit Hilfe der Flotte sei es stets möglich eine Übermacht auf die schwächer besetzten Puncte desselben zu werfen und, wenn der Gegner sich concentrire und seinerseits mit Übermacht auftrete, zurückzunehmen. Ferner werde der Vortheil, welchen der Besitz eines überlegenen Landheeres gewähre, compensirt durch die Möglichkeit mit der Flotte schnell weit entfernte Theile des Kriegsschauplatzes zu erreichen, während die feindliche Landmacht sich nicht weit von der Operationsbasis der Heimath entfernen könne, da die Bewegung eine langsame und die Verproviantirung schwierig sei.

Diese Betrachtungen setzen sich dann 13—16 weiter in folgender Weise fort: Ferner aber zu alledem gebe es längs jeder Küste entweder

2*

ein Vorgebirge oder eine vorliegende Insel oder eine Meeresenge: an allen solchen Puncten könne die Flotte einer die See beherrschenden Macht Station nehmen und von da aus die auf dem Festlande Wohnenden empfindlich schädigen. Allerdings habe die militärische Stellung Athèns eine schwache Seite: Attika sei keine Insel und desshalb bei dem schwachen Stande der Landmacht den Einfällen und Verwüstungen des überlegenen feindlichen Landheeres ausgesetzt; ein grosser Nachtheil, obwohl der Schäden ausschliesslich von den Landbauern und Reichen zu tragen sei, während der Demos, der nicht darunter zu leiden habe, sich das Ding wenig anfechten lasse. Auch sei bei solcher Nähe des Feindes die Gefahr einer plötzlichen Überrumpelung der Stadt in Folge verrätherischen Einverständnisses Einzelner mit dem Feinde oder des Ausbruches revolutionärer Bewegungen, welche auf Unterstützung durch den Feind berechnet wären, stets vorhanden. Da nun aber einmal der Vorzug einer insularen Lage, welche alle diese Gefahren beseitigen würde, den Athenern versagt sei, so hälfen sie sich, wie es eben ginge: der Herrschaft über die See und ihre Verbindungen sicher, brächten sie ihre Habe auf den Inseln in Sicherheit und gäben das platte Land von Attika dem Feinde preis, ohne sich durch seine Verwüstung rühren zu lassen, wohl wissend, dass ein Versuch zu seiner Vertheidigung den Verlust viel höher anzuschlagender Vortheile zur unausbleiblichen Folge haben werde.

Der Zusammenhang der beiden im Auszuge gegebenen Stücke 2, 1—5 und 13—16 ist so handgreiflich, dass die zwischen ihnen liegenden Paragraphen 6—12 entweder sich in diesen Zusammenhang fügen müssen, oder, wenn dies nicht der Fall sein sollte, nothwendig als ungehörig auszuscheiden sind. Diese Paragraphen zerfallen in sich wieder in drei durch ihren Inhalt deutlich von einander gesonderte Abschnitte, von denen im ersten (6—8) auseinandergesetzt wird, dass ferner die Beherrscher der See die Folgen eines zufälligen Misswachses leichter zu ertragen im Stande seien, als die, welche die Übermacht zu Lande hätten, weil sie in der Lage sich befänden den Ausfall durch Import aus anderen, von dem Misswachs nicht betroffenen Gegenden ausgiebig zu ersetzen; und um auch weniger bedeutender Dinge nicht zu vergessen, so hätten sie (die Athener) in Folge ihrer Seeherrschaft und des vielfachen Verkehres mit dem Auslande ihre Speisekarte durch mannigfache Erfindungen bereichert: die Delicatessen der ganzen dem Hellenischen Verkehre erschlossenen Welt seien in Athen auf einem Puncte versammelt; sodann hätten sie auf dem Wege des Verkehrs mit allen möglichen Sprachen bekannt geworden die eigene bereichert und dieser wie ihrer ganzen Lebensweise einen universaleren Character verliehen, als dies bei den übrigen Hellenen der Fall sei'. Demnach enthält das Stück die Fortsetzung einer Aufzählung aller der Vortheile, welche nach Ansicht des Verfassers dem Staate der Athener seine Stellung als Handels- und Seemacht gewährt; aber diese Aufzählung hat nicht das Mindeste gemein mit dem Nachweise, welcher in 1—5 und 13—16 zu führen versucht wird, dass nämlich der Besitz einer die See beherrschenden Flotte den Athenern verstatte, mit einer minder tüchtigen Landmacht auszukommen; vielmehr passt sie schlechterdings nur in den Zusammenhang derjenigen Darstellung, welche, wie oben als wahrscheinlich bezeichnet wurde, der Abschnitt 1, 19—20 abzuschliessen bestimmt war. Ähnlich verhält es sich mit dem dritten Abschnitte (11—12), welcher darlegt, dass 'die Athener den gesammten Reichthum der Hellenen und Barbaren an Producten, wie Holz, Eisen, Kupfer, Hanf, Wachs, durch welche die Herstellung und Unterhaltung einer Kriegsflotte ermöglicht werde, in ihren ausschliesslichen Nutzen zu verwenden in der Lage seien, weil sie als Beherrscher des Meeres es in der Hand hätten, den Vertrieb dieser Producte auf dem Seewege nach ihrem Gutdünken zu regeln; über ein gleiches Material verfüge keine andere Stadt, da nicht zwei dieser Dinge auf dem Gebiete ein und derselben Stadt zusammen gewonnen würden'. Auch diese Sätze stehen in keiner erkennbaren Beziehung zu dem Inhalte von 1—5 und 13—16, während die Verwandtschaft mit dem von 6—8 sich allerdings nicht verkennen lässt. Allein der Zusammenhang beider Stücke ist wieder durch den zweiten der erwähnten Abschnitte (9—10) in gewaltsamster Weise zerrissen. Denn in diesen Paragraphen heisst es: 'was aber Opfer, Feste und dergl. anbetreffe, so wisse der Demos sehr wohl, dass der einzelne Arme nicht im Stande sei zu opfern und zu schmausen, und habe Mittel ausfindig gemacht, sich alles dies zu verschaffen. Es opfere also auf Kosten des Stadtsäckels die Gemeinde viele Opferthiere, der Demos aber sei es, der da schmause und das Fleisch der Opferthiere unter sich vertheile. Auch Turnhallen, Bäder und Garderoben besässen einzelne Reiche auf eigene Hand, der Demos aber er-

baue selbst für seine eigenen Bedürfnisse zahlreiche Ringplätze, Garderoben, Badehallen, und die Masse des gemeinen Mannes ziehe grösseren
Nutzen von diesen Einrichtungen, als die 'Wenigen und die Wohlhaben-
den'. Diese Gedanken stehen weder nach rückwärts mit 6—8, noch nach
vorwärts mit 11—12 in irgend erkennbarer Beziehung und stören somit
den Zusammenhang, der zwischen beiden etwa besteht; am wenigsten
passen sie zum Inhalt von 1—5 und 13—16, zwischen welche Stücke
gestellt sie vielmehr sich höchst sonderbar und fremdartig ausneh-
men. Auch bilden sie offenbar keinen selbständigen Bestandtheil der
Darstellung, sondern sind aus einem grösseren Zusammenhange wie her-
ausgerissen; der Inhalt verräth die grösste Verwandtschaft mit 1, 13 und
berechtigt zu der Annahme, dass beide Stücke ursprünglich in nächster
Nähe von einander ihre Stelle gehabt haben. Da also 6—8, 9—10, 11—12
weder mit 1—5 und 13—16, noch untereinander in einem vernünftigen
Zusammenhang stehen, der Faden von 1—5 aber sich in 13—16 fortsetzt, so muss geurtheilt werden, dass 6—12 in unserer Überlieferung an
unrechter Stelle stehen und dass selbst die jetzige Verbindung der Theile
von 6—12 nicht als ursprünglich betrachtet werden kann.

Leider reisst der bis Ende von 16 fortgesponnene Faden mit dem
Schlusse dieses Paragraphen von Neuem ab. Es folgt nämlich auf die
Rechtfertigung des Standes, auf dem die Athener ihre Hoplitenmacht halten,
in 17 die überraschende Bemerkung: 'ferner aber müssten Bundesverträge
und Eidschwüre von oligarchisch regierten Staaten gewissenhaft gehalten
werden, während für Verträge, die der Demos geschlossen habe, es diesem möglich sei die Verantwortung einer einzelnen Person zuzuschieben
und unter allerhand Vorwänden, um die er nie verlegen sei, sich der Er-
füllung von Verpflichtungen zu entziehen, die ihm unbequem seien. Und
wenn aus den Berathungen des Demos sich irgend ein Nachtheil ergebe,
so mache er den bösen Willen weniger für die ungünstigen Folgen ver-
antwortlich, im entgegengesetzten Falle nehme er das Verdienst für sich
selbst in Anspruch'. Augenscheinlich ist dies nach Form und Inhalt nicht
der Anfang, sondern die Fortsetzung oder der Schluss einer Erörterung,
in welcher unmittelbar vorher der Unterschied oligarchischer und demo-
kratischer Staatswesen nach einer bestimmten Richtung hin besprochen
worden war, und daraus folgt ohne Weiteres, dass das Stück 17 ursprüng-

lich sich nicht unmittelbar an den vorhergehenden Abschnitt, der von ganz anderen Dingen handelt, angeschlossen haben kann, sondern, wenn es überhaupt in der Disposition seinen Platz nach und nicht vor 1—5 und 13—16 gehabt hat, zum wenigsten ein sehr beträchtlicher Theil der Darstellung zwischen 16 und 17 ausgefallen sein muss.

Weiter heisst es 18: 'Im Gegensatz dazu werde Verspottung in der Komödie und Schmähung allerdings dem Demos gegenüber nicht verstattet, richte sie sich aber gegen Privatpersonen, so finde sie sogar Aufmunterung; denn man wisse sehr wohl, dass die Zielscheibe der Verspottung in der Regel nicht ein Mann aus dem Demos sein werde, sondern ein reicher, edler oder angesehener Mann; gering sei die Zahl der Armen und zum Demos Gehörigen, welche den Angriffen der Komödie verfielen; auch bei diesen geschehe es nur dann, wenn sie mehr sein wollten als die anderen, wesshalb der Demos die Verspottung auch solcher Leute gar nicht ungern sehe'. Dasjenige, wozu die hier geschilderte Beschränkung der Redefreiheit zu Gunsten des Demos einen Gegensatz bilden soll (κωμῳδεῖν δ' αὖ —), kann nur die Schrankenlosigkeit derselben Freiheit nach einer anderen Richtung sein. Von einer solchen muss also im Vorhergehenden die Rede gewesen sein. Da nun dies in 17 nicht der Fall ist, so ist die unmittelbare Aufeinanderfolge von 17 und 18 entweder nicht ursprünglich, oder der Inhalt von 17 bildet den Abschluss einer Darlegung, welche von der Thatsache des Vorhandenseins einer solchen Schrankenlosigkeit ausging. Nur unter dieser Voraussetzung ist die jetzige Folge verständlich und als nicht zufällig, sondern bewusst gewollt begreifbar.

Ähnliches ist von 19 zu sagen, welches Stück in der Übersetzung so lautet: 'Ich sage also, dass der Demos zu Athen zwar erkennt, welche von den Bürgern gut sind, und welche schlecht; trotz dieser Erkenntniss aber lieben sie die ihnen Bequemen und Nützlichen, auch wenn sie schlecht sind, die Guten aber hassen sie in höherem Grade. Denn sie meinen nicht, dass die Tüchtigkeit ihnen (den Guten) zu ihrem Vortheil von der Natur gegeben sei, sondern zu ihrem Nachtheil'.

Diese Worte haben die Form einer Conclusion, in der die Ergebnisse einer vorangegangenen und zum Abschluss gebrachten Auseinandersetzung zusammengefasst werden. Als Resumé aber passen sie unmittelbar weder zu dem Inhalte von 17, noch dem von 18 oder beider zusammengenommen, was mir eines besonderen Beweises nicht zu bedürfen scheint. Hieraus folgt, dass wenn sie an ihrer richtigen Stelle stehen, der Inhalt von 17 und, wenn dieser Paragraph mit 18 zusammenhängt, auch von 18 den Schluss einer viel weiter ausgreifenden Erörterung bildeten, welche, dem Inhalte der Conclusion nach zu schliessen, es unternahm der Tendenz des Verfassers gemäss die Erklärung und Rechtfertigung der auffälligen Thatsache zu liefern, dass in Athen die 'Schlechten' es besser haben als die 'Guten'. Das Ergebniss, welches die Conclusion andeutet, ist, dass nicht schwer begreifliche Urtheilslosigkeit, welche durch bessere Erkenntniss zu ersetzen wäre, sondern nur zu richtige Erkenntniss dessen, was der eigene Vortheil gebietet, Ursache eines Verfahrens ist, welches nur unter Preisgebung des demokratischen Principes überhaupt einer Änderung fähig wäre.

Es folgt ein Abschnitt (Ende 19 bis Mitte von 3, 1), den ich zunächst ebenfalls seinem Wortlaute nach hersetze: 'Und im geraden Gegensatze dazu sind Manche, obwohl sie in Wahrheit zum Demos gehören, ihrer Natur nach nicht demokratisch gesinnt. Demokratie aber halte ich dem Demos selbst zu Gute; denn sich selbst wohlthun ist Jedem zu Gute zu halten. Wer aber ohne zum Demos zu gehören sich dafür entschieden hat in einem demokratisch organisirten Staatswesen zu hausen lieber, als in einem oligarchisch organisirten, der hat sich zu unrechtem Thun gerüstet und erkennt, dass es eher möglich ist schlecht zu sein ohne entdeckt zu werden in einem demokratisch organisirten Staatswesen, als in einem oligarchisch organisirten. Und was die Staatsverfassung der Athener betrifft, so hat die Form zwar nicht meine Billigung; da sie sich aber einmal für die demokratische Verfassungsform entschieden haben, so scheinen sie mir trefflich sich die Demokratie zu bewahren, indem sie in der Weise verfahren, welche ich aufgezeigt habe'. Auch dies sind Gedanken, welche offenbar einer Schlussbetrachtung angehören, aber mit 19 steht ihr Inhalt wenigstens in keinem unmittelbaren Zusammenhange. Denn diejenige Erscheinung, zu welcher die hervorgehobene Thatsache, dass Männer, welche nach Abkunft und Lebensstellung dem Demos angehören, nicht demokratisch gesinnt sind, in geradem Gegensatze stehen soll, kann offenbar keine andere sein als die, dass Personen, welche Abkunft und

Erziehung in die Reihen der Oligarchen verweisen, weit entfernt oligar-
chische Gesinnung zu hegen, sich vielmehr offen dem Demos anschliessen
und dessen Interessen vertreten. Davon aber ist weder unmittelbar vorher
noch sonst im Laufe der bisherigen Darstellung die Rede gewesen; ja
selbst die Einfügung dieser für den Zusammenhang unentbehrlichen Bemerkung würde die Lücke noch nicht ausfüllen, da es auf der Hand liegt,
dass von dem Inhalte des Vorhergehenden sich unmittelbar zu dieser Bemerkung nicht übergehen liess, welche das dort Gesagte weder erläutert,
noch durch dasselbe selbst eine Erläuterung empfängt. Dazu kommt, dass
der Inhalt des Abschnittes so beschaffen ist, dass man sich unwillkürlich
veranlasst sieht, ihn als den formalen Abschluss derjenigen Erörterung zu
betrachten, welche im ersten Paragraphen der Schrift disponirt ist, eine
Ansicht, an der festzuhalten man um so mehr geneigt sein muss, wenn
man bemerkt, dass gegen Ende der Ausdruck im Einzelnen vom Verfasser
offenbar mit Absicht so gewählt worden ist, dass man an den Eingang
der Schrift nothwendig erinnert wird: es ist, als wolle er sagen: 'und so
habe ich denn das Versprechen gelöst, welches ich oben gegeben hatte'.
Man vergleiche nur:

1, 1 περὶ δὲ τῆς Ἀθηναίων πολιτείας, ὅτι μὲν εἵλοντο τοῦτον τὸν τρόπον τῆς πολιτείας
οὐκ ἐπαινῶ διὰ τόδε, ὅτι ταῦθ'
ἑλόμενοι εἵλοντο τοὺς πονηροὺς
ἄμεινον πράττειν ἢ τοὺς χρη-
στούς· διὰ μὲν οὖν τοῦτο οὐκ
ἐπαινῶ. ἐπεὶ δὲ ταῦτα ἔδοξεν
οὕτως αὐτοῖς, ὡς εὖ διασώ-
ζονταί τε τὴν πολιτείαν καὶ
τἄλλα διαπράττονται ἃ δοκοῦσιν
ἁμαρτάνειν τοῖς ἄλλοις Ἕλλησι,
τοῦτ' ἀποδείξω.

3, 1 καὶ περὶ τῆς Ἀθηναίων πολιτείας, τὸν μὲν τρόπον οὐκ
ἐπαινῶ, ἐπειδήπερ δ' ἔδοξεν
αὐτοῖς δημοκρατεῖσθαι, εὖ μοι
δοκοῦσι διασώζεσθαι τὴν δημοκρατίαν, τούτῳ τῷ τρόπῳ χρώμενοι ᾧ ἐγὼ ἐπέδειξα.

Dieser Umstand hat schon Schneider veranlasst, unseren Abschnitt
für den ursprünglichen Abschluss der ganzen Auseinandersetzung zu erklären, woraus folgen würde, dass das Stück durch willkürliche Versetzung

an die unrechte Stelle gerathen wäre, da, was in der Überlieferung jetzt noch folgt, unzweifelhaft ebenfalls in den Zusammenhang der durch 1, 1 eingeleiteten Erörterung gehört. Indessen kann, wer in der Disposition des ersten Paragraphen eine Gliederung der Darstellung in zwei Theile angedeutet findet, was wie schon gesagt der Wortlaut nicht unbedingt verbietet, sich dieser Consequenz durch die Annahme entziehen, dass unser Abschnitt den Schluss nicht des Ganzen, sondern nur des ersten Theiles zu bilden bestimmt sei. Es lässt sich dagegen zunächst nur sagen, dass man unter dieser Voraussetzung im Bereiche des uns Erhaltenen vergeblich sich nach einem passenden Schlusse des zweiten Theiles umsehen wird, der zugleich das Ganze als solches abzuschliessen geeignet wäre. Soviel ist indessen klar, dass, wenn das Stück als Ende des ersten Theiles hier an seiner rechten und ursprünglichen Stelle stehen sollte, doch zwischen ihm und dem Vorhergehenden, wenn auch dieses an seinem rechten Platze sein soll, eine Lücke von nicht unbeträchtlichem Umfange angenommen werden müsste.

Es folgen in der Überlieferung noch drei Abschnitte, von denen wenigstens der dritte mit den beiden vorhergehenden in keinem erkennbaren Zusammenhange steht. Was zunächst den ersten betrifft (3, 1—9), so beschäftigt er sich mit den Klagen, welche von einigen Seiten über mangelnde Coulanz in der Erledigung der Gesuche von Fremden durch Rath und Volk von Athen erhoben werden. 'Ferner aber sehe ich', sagt der Verfasser, 'dass auch das Folgende Einige an den Athenern auszusetzen haben, dass nämlich manchmal dort ein Mensch nicht die Möglichkeit hat sein Anliegen bei Rath oder Volk vorzubringen, und triebe er sich ein ganzes Jahr herum'. Das komme, meint er, lediglich daher, dass die Menge der zu erledigenden Geschäfte in Athen so gross sei, dass es unmöglich falle, alle Personen, welche Anliegen vorzubringen hätten, zu bescheiden. Es folgt ein in merkwürdiger Ausführlichkeit gehaltener Nachweis dieser Unmöglichkeit in der Form einer gedrängten Übersicht über die Masse der in Athen zu bewältigenden und keinen Aufschub und keine Zurückstellung verstattenden Geschäfte. So klar indessen auch in diesem Theile der Gedankengang des Verfassers im Allgemeinen ist, so chaotisch liegen im Einzelnen die Elemente der Darlegung durch einander. Ich glaube das am Einfachsten für jeden, der unbefangen urtheilt, deutlich machen zu können, wenn ich ein kurzes Schema der jetzt vorliegenden Gliederung des Inhaltes hierhersetze und daran einige erläuternde Bemerkungen knüpfe.

Es ist den Athenern unmöglich, wird auseinandergesetzt, alle Gesuche zu erledigen, weil

1) sie erstens (πρῶτον μέν) so viele Feste zu feiern haben, wie sonst keine von den hellenischen Städten, an Festtagen aber sich Staatsgeschäfte nicht wohl erledigen lassen;

2) zweitens (ἔπειτα δέ) Privat-, öffentliche und Rechenschaftsprocesse in grösserer Zahl zu erledigen haben, als alle anderen Menschen zusammengenommen;

3) der Rath
   a) häufig zu berathen hat 1) über den Krieg 2) Beschaffung von Geldmitteln 3) Erlass von Gesetzen 4) die jedesmaligen Vorgänge in der Stadt und 5) bei den Bundesgenossen,
   b) Tribut abnehmen,
   c) Sorge tragen muss für 1) Schiffswerfte und 2) Cultusangelegenheiten.

4) Ist es folglich zu verwundern, wenn sie unter solchen Umständen nicht im Stande sind alle Gesuche zu erledigen? Von einigen wird zwar behauptet, dass, wer es sich Geld kosten lassen wolle, bei Rath und Volk sicher Zugang finden werde. Aber so wenig sich läugnen lässt, dass durch Anwendung dieses Mittels viel in Athen durchgesetzt wird und noch mehr sich durchsetzen liesse, wenn noch mehr der Interessirten sich zu Geldopfern bereit finden liessen, so ist doch gewiss, dass bei der grossen Anzahl der Bittsteller der Staat nicht im Stande ist alle Gesuche zu erledigen, man möge so viel Geld bieten als man will.

5) Auch folgende Diadikasien sind zu entscheiden:
   a) wenn jemand 1) sein Schiff nicht ausbessert, oder 2) dem Fiscus gehöriges Terrain bebaut;
   b) Diadikasien 1) der Choregen 2) Gymnasiarchen 3) Trierarchen.

6) Dazu kommen:

a) Dokimasie und Diadikasie der Beamten

b) Dokimasie der Waisen

c) die Sorge für das Gefängnisswesen.

7) Die bisher besprochene Thätigkeit ist eine ununterbrochene, von Jahr zu Jahr sich wiederholende. In unregelmässigen oder regelmässigen Zeitabständen kommen dagegen zur Aburtheilung:

a) militärische Vergehen, z. B. Klagen ἀστρατείας

b) andere ungewöhnliche und nicht vorgesehene Vergehen, im Besonderen Fälle ungewöhnlich grober ὕβρις und ἀσέβεια (also in der Form der sogenannten εἰσαγγελία zu belangende Verbrechen) und noch vieles Andere minder wichtige. Zu erwähnen bleibt nur noch

c) die Festsetzung der Höhe der von den Bundesgenossen zu entrichtenden Tribute, welche in der Regel jedes vierte Jahr von Neuem vorgenommen zu werden pflegt.

8) Jedermann muss zugeben, dass in Athen über alle diese Dinge richterliche Entscheidungen nothwendig getroffen werden müssen, woraus folgt, dass bei der überwältigenden Masse der zu behandelnden Fälle die richterliche Thätigkeit eine ununterbrochene, das ganze Jahr hindurch dauernde sein muss. Es ist auch nicht möglich, die richterlichen Geschäfte durch eine geringere Anzahl von Bürgern besorgen zu lassen; denn dies würde dazu führen, entweder die Anzahl der fungirenden Gerichtscommissionen zu verringern, oder dieselben schwächer zu besetzen; im ersteren Falle würde, was schon jetzt kaum durchzuführen ist, ganz unmöglich werden, nämlich die richterlichen Geschäfte prompt zu erledigen, im zweiten aber der Bestechung der Richter Thor und Thür geöffnet werden, was einen geringeren Grad von Rechtssicherheit zur Folge haben würde. Dazu kommt, dass die Zahl der Gerichtstage durch die Feste eine nothwendige Beschränkung erfährt, welche die Athener doch feiern müssen. 'Und sie feiern zwar doppelt so viel Feste als die Übrigen; doch setze ich sie gleich denen in derjenigen Stadt, welche die wenigsten feiert'.

9) Da nun dem so ist, so muss ich es für unmöglich erklären, dass

die Dinge zu Athen sich anders verhalten, als sie sich augenblick-
lich verhalten; nur unbedeutende Änderungen sind möglich, da
jede umfassendere Reform den demokratischen Character der Verfassung alteriren würde. Denn so leicht es auch ist ausfindig zu
machen, wie der Staat zum Besseren reformirt werden kann, so
schwer ist es doch das Problem zu lösen, wenn daneben die Demokratie Bestand haben soll; nur unwesentliche Änderungen sind,
wie gesagt, in diesem Falle möglich.

Betrachten wir die einzelnen Theile dieser Auseinandersetzung in
ihrem Verhältniss zu einander, so ist zunächst wohl klar, dass der letzte
Absatz 9 zwar eine Conclusion enthält, dass diese aber nicht so beschaffen ist, dass sie auf das unmittelbar Vorhergehende direct bezogen werden könnte. Denn weder lässt sich die als Ergebniss der angestellten
Betrachtungen aufgestellte Behauptung, es sei unmöglich, dass die 'Dinge'
zu Athen sich anders verhalten, als sie sich eben verhalten, in dieser
Allgemeinheit aus dem unmittelbar Vorhergehenden überhaupt ableiten,
noch ist zur Rechtfertigung der dort besprochenen Institutionen des attischen Staates irgendwie hervorgehoben worden, dass sie aus dem Wesen
des demokratischen Principes hervorgegangen seien und ohne Verletzung
oder Negirung desselben nicht reformirt oder aufgehoben werden könnten.
Vielmehr macht der Abschnitt ganz den Eindruck, als bezwecke er das
Ergebniss der gesammten durch 1, 1 eingeleiteten Erörterungen zusam-
menzufassen; auf alle Fälle greift er weit über den Inhalt des unmittelbar Vorhergehenden hinaus. Steht er also an seiner richtigen Stelle, so
muss das Stück 3, 1—8 m. den Abschluss einer umfassenderen Darlegung
bilden, deren Gesammtergebniss demnächst gezogen wird, also, wenn die
Conclusion wirklich dem Schlusse des Ganzen angehören sollte, den letzten
Abschnitt der ganzen Auseinandersetzung überhaupt, wo nicht, eines ab-
schlussfähigen Theiles derselben.

Darum entbehrt indessen der versuchte Beweis der in 3, 1 aufge-
stellten These keineswegs seines formalen Abschlusses, vielmehr liegt auf
der Hand, dass wir diesen in Abschnitt 4 des Schemas zu erkennen haben.
Nur steht er nicht an seiner rechten Stelle, sondern ist in ganz verkehr-
ter und den Zusammenhang gewaltsam unterbrechender Weise mitten
zwischen die Bestandtheile des Beweises, dessen Ergebniss er resumirt,

22

eingeschoben; an seinem Platze würde er offenbar nur hinter Abschnitt 8 des Schemas sein. Aber auch der Beweis für sich (Abschnitté 1—3 und 5—8 des Schemas) befindet sich in zerrüttetem Zustande überliefert: er ist weder vollständig, noch in der richtigen Anordnung seiner Theile uns dermalen erhalten. Um sich davon zu überzeugen, erwäge man Folgendes. Es soll bewiesen werden, dass die Menge der Geschäfte, welche Volk und Rath in Athen zu bewältigen haben, ihnen nicht verstatte, alle Personen, welche sich mit Gesuchen an sie wenden, anzuhören und zu bescheiden. Zu diesem Ende werden als die Thätigkeit von Volk und Rath aufhebend oder in Anspruch nehmend aufgezählt:

1) die grosse Zahl der zu feiernden öffentlichen Feste (Abschnitt 1)
2) die Geschäfte des Rathes (3)
3) die richterlichen Functionen des Demos in den Dikasterien (Absch. 2 und 5—8).

Die letzteren werden sorgfältig und in grosser Vollständigkeit aufgezählt. Es folgen nämlich auf die δίκαι im weiteren Sinne, welche in δίκαι (im engeren Sinne), γραφαί und εὔθυναι gesondert werden (2)[1]), zunächst die διαδικασίαι (5), an welche sich (6a und b) die δοκιμασίαι anschliessen. Und zwar werden Dokimasien der Beamten und der Waisen unterschieden. Dass bei den ersteren die Dikasterien concurrirten, ist eine bekannte Sache, und dass die in Verbindung mit ihnen genannten Diadikasien (ἀρχὰς δοκιμάσαι καὶ διαδικά-ται), welche dem Zusammenhange nach nur Diadikasien zwischen Beamten sein können, ebenfalls von ihnen entschieden wurden, ist selbstverständlich, wenn auch die sonstige Überlieferung dieser Diadikasien nur äusserst selten erwähnt. Ich verweise zunächst auf den Artikel des Cambridger rhetorischen Lexicons p. 335 Nauck: διαδικασία ἐστὶν ἣν τοῖς ἄρχουσι καὶ τοῖς τριηράρχαις ποιοῦνται ὧν (lies ὂν) δεῖ ἄρχειν ἢ τριηραρχεῖν· τὸ δὲ αὐτό ἐστι καὶ δοκιμασία. Die letzte Bemerkung beruht zwar auf einem Irrthum; darum aber, wie Meier gethan hat, das Kind mit dem Bade auszuschütten und das Ganze als eine 'pessima glossa' zu verwerfen, würde voreilig sein. Ein Beispiel liefert wenigstens die Demosthenische Rede wider

---

[1]) Vgl. Apollodor Rede g. Stephanos 2 p. 1131. μαρτυρεῖν γὰρ οἱ νόμοι οὐκ ἐῶ-σιν αὐτὸν αὐτῷ οὔτ' ἐπὶ ταῖς γραφαῖς οὔτ' ἐπὶ ταῖς δίκαις οὔτ' ἐν ταῖς εὐθύναις.

Boeotos vom Namen; ja jener Artikel scheint mir theilweise auf die Angaben in dieser Rede gegründet zu sein. Der Sprecher derselben, Mantitheos, dessen Halbbruder Boeotos sich gleichfalls den Namen Mantitheos nachträglich zugelegt hatte, führt, indem er die daraus sich ergebenden Unzuträglichkeiten auseinandersetzt, unter Anderem auch das Folgende an, § 10 — 11: ἐὰν δ' ἀρχὴν ἡντινοῦν ἡ πόλις κληροῖ, οἷον βουλῆς, θεσμοθέτου, τῶν ἄλλων, τῷ δῆλος ὁ λαχὼν ἡμῶν ἔσται; οὐκοῦν ὁ μὲν ἑαυτόν, ἐγὼ δ' ἐμαυτὸν φήσω τὸν εἰληχότ' εἶναι· λοιπὸν εἰς τὸ δικαστήριον ἡμᾶς εἰσιέναι. οὐκοῦν ἐφ' ἑκάστῳ τούτων δικαστήριον ἡμῖν ἡ πόλις καθιεῖ, καὶ τοῦ μὲν κοινοῦ καὶ ἴσου, τοῦ τὸν λαχόντ' ἄρχειν, ἀποστερησόμεθα, ἀλλήλους δὲ πλυνοῦμεν, καὶ ὁ τῷ λόγῳ κρατήσας ἄρξει. Das wäre also ein Fall einer Diadikasie zwischen zu einem Amte designirten Candidaten ὃν δεῖ ἄρχειν. Der Fall war aber nicht nur in der Theorie möglich, sondern wirklich eingetreten: es hatte eine Diadikasie dieser Art Statt gefunden und war zu Gunsten des Sprechers entschieden worden; vgl. § 19: ὅτι τοίνυν οὐδ' ἃ διεξελήλυθα ὑμῖν μάτην φεβοῦμαι, θεωρήσατε. οὗτος γὰρ ἤδη — τῆς ἀρχῆς ἠμφεσβήτει ἣν ὑμεῖς ἐμὲ ἐχειροτονήσατε und deutlicher 34 καὶ χειροτονησάντων ὑμῶν ἐμὲ ταξίαρχον ἧκεν αὐτὸς εἰς τὸ δικαστήριον δοκιμασθησόμενος. Man sieht hieraus zugleich, in welchem Zusammenhange Diadikasien dieser und ähnlicher Art mit der Dokimasie der Beamten standen und begreift einerseits, wie der Verfasser des oben angezogenen Artikels des rhetorischen Lexicons dazu kommen konnte zu behaupten, Diadikasie dieser Art und Dokimasie seien dasselbe, anderseits, was unseren Autor vermocht hat, diese Art der Diadikasie von den übrigen zu trennen und mit der Dokimasie der Beamten zu verbinden. Was ferner die Dokimasie der Waisen betrifft, so ist zwar von ihr sonst nirgends die Rede, wenn sie aber, wie ich nicht zweifele, identisch ist mit der fast gleichzeitig von Aristophanes (Wespen V. 578) erwähnten Dokimasie der Knaben, so liefern die Worte des Dichters zugleich den Beweis, dass auch diese Dokimasien Sache der Dikasterien waren.

Diese Übersicht über die regelmässige Thätigkeit der Dikasterien schliesst ganz angemessen (6 c) mit einem Hinweis auf die Geschäfte, welche aus der Sorge für die Detinirung der (angeschuldigten oder verurtheilten) Gefangenen sich ergeben; denn obwohl sie nicht unmittelbar zur Competenz der Dikasterien gehören, stehen sie doch mit der richterlichen Thätigkeit des Demos in nächstem und unmittelbarstem Zusammen-

24

hange. Es versteht sich übrigens wohl von selbst, dass dabei nicht sowohl und auf keinen Fall, wie die Erklärer wollen, allein an die Bestellung der Elfmänner bei Gelegenheit der jährlichen Archäresien zu denken ist, vielmehr die Gesammtheit aller Massregeln gemeint wird, welche der souveräne Demos in Sachen des Gefängnisswesens zu treffen veranlasst werden konnte[1]). Es folgen in Absch. 7 die Functionen der Dikasterien in ausserordentlichen Fällen. Als die bedeutendsten werden hervorgehoben die Aburtheilung der Militärvergehen und ungewöhnlich schwerer, selten vorkommender Verbrechen, gegen welche dem Herkommen gemäss in der Form der Eisangelie Klage erhoben wurde, sodann die Fixirung der Höhe der von den Bundesgenossen zu zahlenden Tribute. In Beziehung auf die letzteren wird es genügen auf Hrn. Köhlers Auseinandersetzungen zu verweisen (Denkschriften der Akademie hist. phil. Classe 1869 p. 66 ff.), aus welchen hervorgeht, welche hervorragende Rolle bei diesem Geschäfte gerade in dieser Zeit die Dikasterien spielten.

Hiermit endet die eigentliche Aufzählung der richterlichen Geschäfte des Demos; es schliessen sich daran noch im 8. Abschnitt allgemeine auf denselben Gegenstand bezügliche Erwägungen, nämlich dass einerseits alle diese Geschäfte nothwendig erledigt werden müssen, anderseits ihre Erledigung nicht einer geringeren Anzahl von Richtern anvertraut werden könne. Endlich wird darauf hingewiesen, wie durch die Festzeiten die Zahl der für Gerichtssitzungen verfügbaren Tage nicht unwesentlich verringert werde.

Ich hielt diese Analyse des Inhaltes von diesem Theile der Darlegung für nothwendig, um festzustellen, dass in der That von keinen anderen Geschäften hier gehandelt wird, als denen des Rathes und der Dikasterien. Alsdann aber muss zweierlei im höchsten Grade befremdlich erscheinen, einmal, dass von der Thätigkeit der Volksversammlung auch nicht mit einem Worte geredet wird, sodann, dass der Abschnitt von den Geschäften des Rathes an einer Stelle eingeschoben ist, wo er

---

[1]) Es ist dies der Grund, weswegen ich es vorziehe καὶ φυλακὰς δεσμωτῶν καταστῆσαι statt des überlieferten φύλακας zu schreiben, was mindestens zweideutig sein würde.

den Zusammenhang der auf die Dikasterien bezüglichen Darlegung in einer schlechterdings unbegreiflichen Weise unterbricht. Ersterer Umstand nöthigt meines Erachtens zu der Annahme, dass unsere Überlieferung nicht vollständig ist, letzterer legt die Vermuthung nahe, dass die ursprüngliche Folge der einzelnen Theile der Auseinandersetzung gestört ist. In der That steht der von den Geschäften des Rathes handelnde Abschnitt 3 unmittelbar vor 4, welcher, wie oben bemerkt, aus besonderen Gründen als versetzt und zwischen 8 und 9 gehörig betrachtet werden muss. Ich irre also wohl nicht, wenn ich behaupte, dass 3 das Schicksal von 4 zu theilen hat und, wie er in Gemeinschaft mit jenem an die unrechte Stelle gerathen ist, so mit ihm an seinen ursprünglichen Platz zwischen 8 und 9 zurückzuversetzen ist. Die Folge der Theile würde dann diese sein: 1. 2. 5—8. 3+4. 9. Allerdings kann 3 nicht die unmittelbare Fortsetzung von 8 sein; allein es fehlt ja, wie bemerkt, ein ganzer Abschnitt von der Volksversammlung und dieser konnte, wie eine einfache Überlegung lehren wird, an keiner anderen Stelle als nach 8 und vor 3 gestanden haben. Auf eine Lücke hinter 8 deutet überdem der abgerissene Schluss dieses Abschnittes; er bedarf offenbar zu seiner Vervollständigung eines Zusatzes wie: 'immerhin ist eine beträchtliche Anzahl von Tagen in Abzug zu bringen, an denen Gerichtsverhandlungen nicht Statt finden können', und ich meine, dass der Verfasser es nicht seinen Lesern überlassen haben wird, diesen Gedanken zu ergänzen, sondern dass er ihn wirklich ausgesprochen hat. Weiter ist aber auch zwischen 2 und 5 der Zusammenhang kein unmittelbarer; wenigstens ist der Wortlaut des Anfanges von 5: δεῖ δὲ καὶ τάδε διαδικάζειν so gefasst, als sei schon im Vorhergehenden von Diadikasien gehandelt worden, was doch nicht der Fall ist, womit stimmt, dass die folgende Aufzählung der Diadikasien trotz ihrer scheinbaren Ausführlichkeit keinesweges alle vorkommenden Fälle berücksichtigt; es fehlen die Diadikasien zwischen Privaten, Priestern, Corporationen; auch war das in 2 in Bezug auf die δίκαι Geäusserte sehr wohl einer weiteren Ausführung fähig. Es scheint demnach, als sei das versetzte Stück 3+4 zufällig oder absichtlich an eine Stelle gerathen, welche in der That einer Ergänzung bedurfte, wenn auch freilich einer wesentlich anderen.

Wir kommen zu dem folgenden Abschnitte (3, 10—11), in welchem der Verfasser die Athener gegen den Vorwurf vertheidigt, dass sie bei inneren Zerwürfnissen auswärtiger Staaten regelmässig für die demokratische Faction Partei zu ergreifen pflegen; es sei eine solche Politik durch ihr wohlverstandenes Interesse geboten und jede Abweichung von derselben bisher noch zu ihrem Nachtheil ausgeschlagen, was durch eine Anzahl von Beispielen aus der attischen Geschichte erläutert wird. Der Inhalt dieser Erörterung steht, wie man sieht, in der engsten Beziehung zu dem Hauptgedanken, welchen auszuführen der Verfasser unternommen hat, wenn er auch mit dem des unmittelbar vorhergehenden Abschnittes direct nichts zu thun hat, zum mindesten nicht als eine sich mit irgend welcher Nothwendigkeit ergebende weitere Ausführung desselben betrachtet werden kann. Das Urtheil darüber, ob die überlieferte Folge beider Abschnitte eine überhaupt mögliche und die ursprüngliche ist, wird davon abzuhängen haben, ob man den letzten Absatz (9) des jetzt voranstehenden Abschnittes als die Conclusion des Ganzen der Auseinandersetzung oder nur eines Theiles derselben betrachtet: im ersteren Falle müsste geschlossen werden, dass unser zweiter Abschnitt durch Versetzung an eine ungehörige Stelle gerathen sei, im zweiten wäre es möglich, dass er an seiner ursprünglichen Stelle steht und den Anfang des zweiten oder überhaupt eines anderen Theiles der Untersuchung bildete.

Jedem Versuche aber den Faden eines Zusammenhanges nachzuweisen widersteht der letzte Abschnitt (3, 12 — 13), welcher vielmehr gänzlich abgerissen dasteht und nach jeder Richtung völlig in der Luft schwebt. 'Man könnte aber', heisst es hier, 'einwerfen, dass Niemand folglich ungerechter Weise zu Athen seiner bürgerlichen Rechte beraubt ist. Ich aber behaupte, dass es einige gibt, bei denen dies der Fall ist, freilich nur einige wenige. Allein wenige reichen nicht aus, um auf die Demokratie in Athen einen Angriff zu unternehmen. Denn so steht es doch einmal, dass Menschen, welchen mit Recht ihre bürgerlichen Ehren genommen sind, sich gar nichts daraus machen, wohl aber solche, denen sie mit Unrecht genommen sind. Wie wäre es nun wohl möglich zu wähnen, dass mit Unrecht Vielen zu Athen die bürgerlichen Rechte genommen seien, wo der Demos es ist, der sich im Besitze der Ämter befindet? Unredlichkeit aber bei Verwaltung von Ämtern und politischer

Thätigkeit überhaupt in Worten oder Werken, derart sind die Vergehen, in Folge deren man zu Athen bürgerlich ehrlos ist. Dies muss man bedenken und nicht glauben, dass irgend eine Gefahr von Seiten der mit bürgerlicher Ehrlosigkeit Behafteten zu Athen drohe'. Wenn mit diesen Worten die Überlieferung plötzlich abbricht, so ist klar, dass die Schrift in ihrem überlieferten Zustande eines angemessenen, auch nur formalen Abschlusses entbehrt; will man also nicht glauben, dass sie überhaupt nicht vollendet worden ist, so bleibt nichts übrig als anzunehmen, dass der Schluss nach 3, 13 aus irgend einem Grunde und in irgend einer Weise uns verloren gegangen ist, oder dass der ganze Abschnitt in Folge irgend eines Vorganges eine falsche Stelle angewiesen erhalten hat, wenn nämlich innerhalb des sonst Erhaltenen vor dem jetzt abschliessenden Stücke sich der Schluss des Ganzen als erhalten nachweisen lassen sollte. Aber auch nach rückwärts hängt das Stück mit dem jetzt vorangehenden nicht zusammen, obwohl sein Anfang auf einen unmittelbaren Zusammenhang mit einem Vorangegangenen ausdrücklich hinweist. Es kündigt sich nämlich selbst als die Widerlegung eines Einwurfes an, welcher die Form einer Folgerung aus etwas vorhergegangenem hat; dass aber eine Folgerung, wie diese: 'Wenn dem so ist, so gibt es in Athen ja gar keine bürgerlich ehrlosen Personen', nicht abgeleitet werden könne aus einer Darlegung, welche den Zweck verfolgt nachzuweisen, dass das Verhalten der Athener gegenüber den Parteikämpfen in anderen Staaten ein rationelles und ihren Interessen entsprechendes sei, liegt wohl auf der Hand. Aber auch abgesehen von dieser logischen Unmöglichkeit ist schwer zu begreifen, wie überhaupt von dem in 3, 10—11 behandelten Thema zu dem von 12—13 angemessener Weise hätte übergegangen werden können. Es folgt hieraus meines Erachtens mit Nothwendigkeit, dass, wenn 3, 12—13 nicht versetzt sein, sondern seinen rechten Platz nach 3, 10—11 haben sollte, zwischen beiden Stücken der Wegfall eines nicht unbeträchtlichen Theiles der Auseinandersetzung angenommen werden müsste. Kurz, dass Schlussstück 3, 12—13 ist überhaupt an der ihm in der Überlieferung angewiesenen Stelle zu halten nur unter der Voraussetzung, dass vor und nach ihm etwas fehlt, weil es eben ausser allem Zusammenhange mit dem Vorhergehenden und ohne jede Stütze in sich selbst da, wo es dermalen steht, vollkommen in der Luft schwebt.

4*

c

in der uns überlieferten Gestalt leidet, zum Theil wenigstens dadurch veranlasst worden ist, dass durch Versetzung einzelner Partien der Organismus des Ganzen zerstört worden ist. Diesen Nachweis zu liefern war nicht schwer; ungleich schwieriger ist die Lösung der aus ihm sich ergebenden positiven Aufgabe der Wiederherstellung des ursprünglichen Zusammenhanges. Wenn ich trotzdem eine Lösung versucht habe und im Folgenden vorlege, so geschieht dies lediglich, um einer nicht abzuweisenden Verpflichtung zu genügen, keinesweges in der Meinung, dass die richtige Lösung von mir gefunden sei. Und selbst wenn ich das Richtige getroffen haben sollte, muss ich doch darauf verzichten, es als solches im strengen Sinne des Wortes zu erweisen, und zwar aus folgenden Gründen. Eine Lösung der Aufgabe, welche Evidenz, und nicht bloss einen grösseren oder geringeren Grad von Wahrscheinlichkeit in Anspruch nehmen dürfte, würde möglich sein und sich begründen lassen, wenn die zu beseitigende Verwirrung lediglich durch eine Verstellung einzelner Theile der Darstellung verursacht worden wäre und eine deutliche Vorstellung von dem Hergange sich bilden liesse, welcher diese Versetzung veranlasst hätte. In diesem Falle würde die Zahl der zu berücksichtigenden Möglichkeiten eine so beschränkte sei, dass eine Entscheidung nicht schwer fallen könnte. Dieser günstige Fall liegt indessen nicht vor; vielmehr haben mich angestellte Versuche überzeugt und werden einen Jeden, der sie anstellen will, ohne Weiteres überzeugen, dass durch blosse Umstellungen irgend welcher Art ein befriedigender Zusammenhang in keiner Weise herzustellen ist, und eine Reconstruction erst möglich wird unter der Voraussetzung, dass nicht nur mehrfache Umstellungen Statt gefunden haben, sondern auch nicht unbeträchtliche Theile der Darstellung verloren gegangen sind: es müssen nicht nur Versetzungen vorgenommen, sondern auch Lücken angesetzt werden. Geht man aber von der an sich ja zulässigen Voraussetzung aus, der Zerstörungsprocess habe nicht nur die Theile des Organismus verschoben, sondern auch seinen

quantitativen Bestand verringert, und operirt mit nicht mehr einfachen
Mitteln, so vervielfältigen sich die möglichen Weisen der Herstellung sofort in dem Maasse, dass eine feste Entscheidung unmöglich wird. Man
überzeugt sich bald, dass sichere Ergebnisse, welche sich allenfalls in der
Form eines Beweises ableiten liessen, nur bis zu einer gewissen Gränze
erreichbar sind, über welche hinaus der Bereich der Möglichkeiten beginnt,
welche gegen einander abgewogen immer nur ein mögliches oder vielleicht
wahrscheinliches, nie ein Resultat ergeben, das den Charakter der Nothwendigkeit in Anspruch nehmen könnte. Unter diesen Umständen halte
ich es für geboten von einer Form der Darlegung abzusehen, welche den
Schein erregen könnte, als wolle das abgeleitete Ergebniss etwas anderes
und mehr sein, als was es der Lage der Sachen nach einzig sein kann,
nämlich eine wahrscheinliche oder vielleicht die wahrscheinlichste unter
mehreren möglichen Combinationen, welche veranschaulichen soll, wie der-
jenige Zusammenhang etwa beschaffen gewesen ist oder doch beschaffen
gewesen sein kann, welcher in der Überlieferung in so handgreiflicher
Weise gestört erscheint. Ich beschränke mich vielmehr darauf, meine
Ansicht von dem wahrscheinlichen Sachverhalt, welche ich als eine sorgfältig erwogene bezeichnen darf, in der Form eines reconstruirten Textes
vorzulegen und diesem eine Anzahl Erläuterungen hinzuzufügen, in welchen die Gründe für die getroffenen Entscheidungen jedesmal kurz ange-
geben und das was ich für sicher halte von dem Unsicheren unterschieden wird. Die Abweichungen von der handschriftlichen Überlieferung,
welche anlangend ich auf meine Textausgabe (Berlin 1874) verweisen
kann, im Einzelnen sind unter dem Texte kurz verzeichnet, die Ergän-
zungen der zahlreichen kleineren, meist durch Homoeoteleuta veranlass-
ten Lücken sind, wo sich der Wortlaut mit annähernder Sicherheit nach
Anleitung des Zusammenhanges und der stilistischen Gepflogenheiten des
Verfassers schien feststellen zu lassen, in Klammern dem Texte eingefügt
worden; wo dies zu gewagt erschien, ist wenigstens der zu ermittelnde
Ort der jedesmaligen Lücke durch Puncte gekennzeichnet worden. Eine
Anzahl verdorbener Stellen, welche meinen Vorgängern zu verbessern
nicht gelungen ist und die auch mir in einer mich selbst überzeugen-
den Weise zu verbessern nicht gelingen wollte, habe ich nicht anrühren
mögen, sondern mich begnügt, durch Sternchen zu kennzeichnen, um

wenigstens nicht zu dem Verdachte Anlass zu geben, als bildete ich mir ein sie zu verstehen. Das Ganze wolle man, wie gesagt, als einen Vorschlag betrachten, welcher nichts weiter, als eine Möglichkeit andeuten soll, und den gegen einen besseren zu vertauschen ich jeder Zeit bereit bin[1]).

---

[1]) Ich benutze die Gelegenheit, einige Nachträge zu meiner Ausgabe hier mitzutheilen, zu deren Veröffentlichung ein passender Ort sich mir sobald nicht bieten dürfte und die ich doch nicht zurückhalten möchte. Sie werden der Gefälligkeit des Hrn. v. Wilamowitz-Möllendorff verdankt, der über mehrere zweifelhaft gebliebene Puncte durch nochmalige nachträgliche Vergleichung der betreffenden Handschriften Aufklärung zu verschaffen keine Mühe gescheut hat, wofür ihm hierdurch auch öffentlich zu danken mir eine angenehme Pflicht ist. Praef. p. V. Die Signatur der Modeneser Handschrift ist II E 12. (No. 145) ‖ p. VI. Die Subscription des Marcianus 511 lautet im Original: ἐτελειώϑη ἡ παροῦσα βίβλος τοῦ πλουτάρχου τὺν ἄλλοις ἐιτορικοῖς λόγοις ἐν ἔτι ςχοϑ´ ἰνδ. η´, worauf eine von Kreuzen eingeschlossene unleserliche Zeile folgt. Hr. v. W. urtheilt, dass diese Subscription von einer jüngeren Hand herrühre als die Handschrift selbst, welche er geneigt ist dem Ende des 13. Jahrhunderts zuzuschreiben ‖ Ebenda. Dass die Handschrift B mittelbar oder unmittelbar aus A geflossen ist, geht nach Hrn. v. W's. Beobachtung daraus hervor, dass im Cynegeticus 5, 8 für die Worte πολύ zwischen ἄποϑεν und μικρόν, und ἐάν τι ἦ zwischen ὕδατι und ὑπερίχον, welche in A zufällig durch einen Riss im Papier zerstört sind, in B, in der sie ebenfalls fehlen, leere Räume gelassen sind ‖ p. XI. Meine dort über die Beschaffenheit des Textes in der Perusiner Handschrift ausgesprochene Vermuthung hat sich bestätigt. Die Handschrift stellt sich in der That zu DE, ist aber überaus nachlässig geschrieben, so dass eine Vergleichung nicht lohnen würde ‖ Text p. 4, 7. γχνσται κίνδυνον hat auch C ‖ 8 στρατηγιῶν κλήρχν auch A ‖ p. 7, 10. δέδοικεν C δεδοίκει BC ‖ p. 9, 14. τῷ ᾿Αϑηναίαν auch C ‖ p. 10, 5. πράττειν C ‖ 11. τὸν ᾿Αϑηναίαν auch C ‖ p. 11, 6. τρήρεσι ebenso auch C ‖ p. 12, 1. Ϡαλασσοκράτορες A ‖ 12. προστῶσιν C ‖ p. 13, 1. ἅλα παραπλεύσαι auch A ‖ 6. Ϡαλάττης A ‖ 13. φωνὴν τὴν πᾶσαν auch A ‖ p. 14, 6. ἰδία A ‖ p. 15, 13. Ϡαλασσοκράτορες A ‖ p. 16, 4 — 5. ταῦτ᾿ ἐγίγνετο A ‖ 6. γὰρ ἂν εἰ auch A ‖ p. 18, 14. ἐπειδήπερ mit δέ über ὅτ, doch von zweiter Hand, A ‖ p. 20, 9. τι δημόσιον C (ohne Zweifel auch AB) τι τὸ δημόσιον A ‖ p. 21, 2. γίγνεται A ‖ 9. δικάζοντος A ‖ 11. φησί τις A ‖ 12. ἐὰν μέν A.

'Αθηναίων πολιτεία.

I (1, 1—3)

Περὶ δὲ τῆς 'Αθηναίων πολιτείας, ὅτι μὲν εἵλοντο τοῦτον τὸν τρόπον τῆς πολιτείας οὐκ ἐπαινῶ διὰ τόδε, ὅτι ταῦθ᾽ ἑλόμενοι εἵλοντο τοὺς πονηροὺς ἄμεινον πράττειν ἢ τοὺς χρηστούς· διὰ μὲν οὖν τοῦτο οὐκ ἐπαινῶ. ἐπεὶ δὲ ταῦτα ἔδοξεν οὕτως αὐτοῖς, ὡς εὖ διασῴζονταί [τε] τὴν πολιτείαν καὶ τἄλλα διαπράττονται ἃ δοκοῦσιν ἁμαρτάνειν τοῖς ἄλλοις Ἕλλησι, τοῦτ᾽ ἀποδείξω.   5

πρῶτον μὲν οὖν τοῦτο ἐρῶ ὅτι δικαίως [δοκοῦσιν] αὐτόθι οἱ πένητες καὶ ὁ δῆμος πλέον ἔχειν τῶν γενναίων καὶ τῶν πλουσίων διὰ τόδε, ὅτι ὁ δῆμός ἐστιν ὁ ἐλαύνων τὰς ναῦς καὶ ὁ τὴν δύναμιν περιτιθεὶς τῇ πόλει· καὶ οἱ κυβερνῆται καὶ οἱ κελευσταὶ καὶ οἱ πεντηκόνταρχοι καὶ οἱ πρῳρᾶται καὶ οἱ ναυπηγοί, οὗτοί εἰσιν οἱ τὴν δύναμιν περιτιθέντες τῇ πόλει, πολὺ μᾶλλον ἢ οἱ ὁπλῖται καὶ οἱ γεν-   10
ναῖοι καὶ οἱ χρηστοί. ἐπειδὴ οὖν ταῦτα οὕτως ἔχει, δοκεῖ δίκαιον εἶναι πᾶσι τῶν ἀρχῶν μετεῖναι ἔν τε τῷ κλήρῳ καὶ ἐν τῇ χειροτονίᾳ, καὶ λέγειν ἐξεῖναι τῷ βου-λομένῳ τῶν πολιτῶν. ἐπεί τοι ὁπόσαι μὲν σωτηρίαν φέρουσι τῶν ἀρχῶν χρησ-ταὶ οὖσαι καὶ μὴ χρησταὶ κίνδυνον τῷ δήμῳ ἅπαντι, τούτων μὲν τῶν ἀρχῶν οὐδὲν δεῖται ὁ δῆμος μετεῖναί [οἷ οἷον] οὔτε τῶν στρατηγιῶν οἴονταί σφισι χρῆναι   15
μετεῖναι οὔτε τῶν ἱππαρχιῶν· γιγνώσκει γὰρ ὁ δῆμος ὅτι πλείω ὠφελεῖται ἐν τῷ μὴ αὐτὸς ἄρχειν ταύτας τὰς ἀρχάς, ἀλλ᾽ ἐᾶν τοὺς δυνατωτάτους ἄρχειν· ὁπό-σαι δ᾽ εἰσὶν ἀρχαὶ μισθοφορίας ἕχουσαι καὶ ὠφελείας εἰς τὸν οἶκον, ταύτας ζητεῖ ὁ δῆμος ἄρχειν.

II (3, 12—13)

ὑπολάβοι δέ τις ἂν ὡς οὐδεὶς ἄρα ἀδίκως ἠτίμωται Ἀθήνησιν. ἐγὼ δέ φημί τινας εἶναι οἳ ἀδίκως ἠτίμωνται, ὀλίγους μέντοι τινάς. ἀλλ᾽ οὐκ ὀλίγων δεῖ τῶν ἐπιθησομένων τῇ δημοκρατίᾳ τῇ Ἀθήνησιν. ἐπεί τοι καὶ οὕτως ἔχει, οὐδὲν ἐνθυ-

---

I. 4. τε von Cobet zugesetzt.   6. οἱ πένητες: καὶ οἱ πένητες   10. ὁπλῖται Gaisford und Krüger: πολῖται.   13. ἐπεί τοι: ἔπειτα.   15. στρατηγιῶν Cobet: στρατηγιῶν κλήρων.   18. ἔχουσαι: ἕνεκα.   II. 2. ὀλίγους-τινάς: ὀλίγοι-τινές.

ἀδίκως οἴοιτό τις ἂν πολλοὺς ἠτιμῶσθαι Ἀθήνησιν, ὅπου ὁ δῆμος ἐστιν
χων τὰς ἀρχάς; ἐκ δὲ τοῦ μὴ δικαίως ἄρχειν μηδὲ λέγειν τὰ δίκαια [ἢ] πράττειν, ἐκ τοιούτων ἄτιμοί εἰσιν Ἀθήνησι. ταῦτα χρὴ λογιζόμενον μὴ νομίζειν
εἶναί τι δεινὸν ἀπὸ τῶν ἀτίμων Ἀθήνησιν.

III (1, 4—5)

ἔπειτα δὲ ὃ ἔνιοι θαυμάζουσιν ὅτι πανταχοῦ πλέον νέμουσι τοῖς πονη-
ροῖς καὶ πένησι καὶ δημοτικοῖς ἢ τοῖς χρηστοῖς, ἐν αὐτῷ τούτῳ φανοῦνται τὴν
δημοκρατίαν διασῴζοντες. οἱ μὲν γὰρ πένητες καὶ οἱ δημοτικοὶ καὶ οἱ χείρους
εὖ πράττοντες καὶ πολλοὶ οἱ τοιοῦτοι γιγνόμενοι τὴν δημοκρατίαν αὔξουσιν· ἐὰν
5 δὲ εὖ πράττωσιν οἱ πλούσιοι καὶ οἱ χρηστοί, ἰσχυρὸν τὸ ἐναντίον σφίσιν αὐτοῖς καθιστᾶσιν οἱ δημοτικοί. ἔστι δὲ [ἐν] πάσῃ γῇ τὸ βέλτιστον ἐναντίον τῇ
δημοκρατίᾳ· ἐν γὰρ τοῖς βελτίστοις ἔνι ἀκολασία τε ὀλιγίστη καὶ ἀδικία ἀκρί-
βεια δὲ πλείστη εἰς τὰ χρηστά, ἐν δὲ τῷ δήμῳ ἀμαθία τε πλείστη καὶ ἀτα-
ξία καὶ πονηρία· ἥ τε γὰρ πενία αὐτοὺς μᾶλλον ἄγει ἐπὶ τὰ αἰσχρὰ καὶ ἡ
10 ἀπαιδευσία καὶ ἡ ἀμαθία δι' ἔνδειαν χρημάτων ἐνίοις τῶν ἀνθρώπων. . . .

*   *

IV (2, 9—10)

θυσίας δὲ καὶ ἱερὰ καὶ ἑορτὰς καὶ τεμένη, γνοὺς ὁ δῆμος ὅτι οὐχ οἷόν
τέ ἐστιν ἑκάστῳ τῶν πενήτων θύειν καὶ εὐωχεῖσθαι καὶ ἵστασθαι ἱερὰ καὶ
πόλιν οἰκεῖν καλὴν καὶ μεγάλην, ἐξηῦρεν ὅτῳ τρόπῳ ἔσται ταῦτα. θύουσιν οὖν
δημοσίᾳ μὲν ἡ πόλις ἱερεῖα πολλά· ἔστι δὲ ὁ δῆμος ὁ εὐωχούμενος καὶ διαλαγχάνων
5 τὰ ἱερεῖα . . . . καὶ γυμνάσια καὶ λουτρὰ καὶ ἀποδυτήρια τοῖς μὲν πλου-
σίοις ἐστὶν ἰδίᾳ ἐνίοις, ὁ δὲ δῆμος αὐτὸς αὑτῷ οἰκοδομεῖται δημοσίᾳ παλαίστρας
πολλὰς ἀποδυτήρια λουτρῶνας· καὶ πλείω τούτων ἀπολαύει ὁ ὄχλος ἢ οἱ ὀλίγοι
καὶ οἱ εὐδαίμονες.

V (1, 13)

τοὺς δὲ γυμναζομένους αὐτόθι καὶ τοὺς μουσικὴν ἐπιτηδεύοντας καταλέ-

---

II. 4. ἠτίμωνται Elmsley: τιμῶνται. 4. ἀλλ.' οἵτινες Stephanus: ἀλλ.' εἴ τινες.
5. πολλούς Schneider: τοὺς πολλούς. 6. ἢ von Chatillon zugesetzt. III. 3. καὶ
οἱ δημοτικοί: καὶ οἱ δημόται oder καὶ ἰδιῶται. 6. ἐν Zusatz von Stephanus. IV. 2.
ἵστασθαι: κτᾶσθαι. 6. δημοσίᾳ: ἰδίᾳ. V. 1. καὶ τοὺς Cobet: καὶ τήν.

..... [οὐ] νομίζων τοῦτο οὐ καλὸν εἶναι, γνοὺς [δὲ] ὅτι οὐ δυνατός ἐστιν
..... αὐτὰ ἐπιτηδεύειν.

ἐν [δὲ] ταῖς χορηγίαις αὖ καὶ γυμνασιαρχίαις καὶ τριηραρχίαις γιγνώσκουσιν ὅτι χορηγοῦσι μὲν οἱ πλούσιοι, χορηγεῖται δὲ ὁ δῆμος, [καὶ τριηραρχοῦσι   5
μὲν] καὶ γυμνασιαρχοῦσιν οἱ πλούσιοι, ὁ δὲ δῆμος τριηραρχεῖται καὶ γυμνασιαρ-
χεῖται. ἀξιοῖ γοῦν ἀργύριον λαμβάνειν ὁ δῆμος καὶ ᾄδων καὶ τρέχων καὶ ὀρ-
χούμενος καὶ πλέων ἐν ταῖς ναυσίν, ἵνα αὐτός τε ἔχῃ καὶ οἱ πλούσιοι πενέστε-
ροι γίγνωνται.
ἐν δὲ τοῖς δικαστηρίοις οὐ τοῦ δικαίου αὐτοῖς μᾶλλον μέλει ἢ τοῦ αὐ-   10
τοῖς συμφόρου . . . . .

*   *

VI (1, 6—9)

εἴποι δ᾽ ἄν τις ὡς ἐχρῆν αὐτοὺς μὴ ἐᾶν λέγειν πάντας ἑξῆς μηδὲ βουλεύειν, ἀλλὰ τοὺς δεξιωτάτους καὶ ἀρίστους. οἱ δὲ καὶ ἐν τούτῳ ἄριστα βουλεύον-
ται, ἐῶντες καὶ τοὺς πονηροὺς λέγειν. εἰ μὲν γὰρ οἱ χρηστοὶ ἔλεγον καὶ ἐβούλευον, τοῖς ὁμοίοις σφίσιν αὐτοῖς *ἦν ἀγαθά, τοῖς δὲ δημοτικοῖς οὐκ ἀγαθά. νῦν
δὲ ὁ βουλόμενος ἀναστὰς ἄνθρωπος πονηρὸς ἐξευρίσκει τὸ ἀγαθὸν αὐτῷ τε καὶ   5
τοῖς ὁμοίοις αὐτῷ. εἴποι [δὲ] τις ἄν· τί ἂν οὖν γνοίη ἀγαθὸν αὐτῷ ἢ τῷ δήμῳ
τοιοῦτος ἄνθρωπος; οἱ δὲ γιγνώσκουσιν ὅτι ἡ τούτου ἀμαθία καὶ πονηρία καὶ
εὔνοια μᾶλλον λυσιτελεῖ ἢ ἡ τοῦ χρηστοῦ ἀρετὴ καὶ σοφία καὶ κακόνοια. εἴη
μὲν οὖν ἂν πόλις οὐκ ἀπὸ τοιούτων ἐπιτηδευμάτων ἡ βελτίστη, ἀλλ᾽ ἡ δημοκρα-
τία μάλιστ᾽ ἂν σᾐζοιτο οὕτως. ὁ γὰρ δῆμος βούλεται οὐκ εὐνομουμένης τῆς πό-   10
λεως αὐτὸς δουλεύειν, ἀλλ᾽ ἐλεύθερος εἶναι καὶ ἄρχειν, τῆς δὲ κακονομίας αὐτῷ
ὀλίγον μέλει. ὃ γὰρ σὺ νομίζεις οὐκ εὐνομεῖσθαι, αὐτοῦ ἀπὸ τούτου ἰσχύει ὁ
δῆμος καὶ ἐλεύθερός ἐστιν. εἰ δ᾽ εὐνομίαν ζητεῖς, πρῶτα μὲν ὄψει τοὺς δεξιωτάτους αὐτοῖς τοὺς νόμους τιθέντας· ἔπειτα κολάσουσιν οἱ χρηστοὶ τοὺς πονη-
ρούς, καὶ βουλεύσουσιν οἱ χρηστοὶ περὶ τῆς πόλεως, καὶ οὐκ ἐάσουσι μαινομέ-   15
νους ἀνθρώπους βουλεύειν οὐδὲ λέγειν οὐδὲ ἐκκλησιάζειν. ὑπὸ τούτων τοίνυν τῶν
ἀγαθῶν τάχιστ᾽ ἂν ὁ δῆμος εἰς δουλείαν καταπέσοι.

V. 2. οὐ und δὲ von Orelli zugesetzt. 2—3. δυνατός ἐστιν αὐτὸς ταῦτα Cobet: δυ-
νατὰ ταῦτά ἐστιν. 5. καὶ τριηραρχοῦσι μὲν Zusatz von Löwenklau und Weiske.   VI.
2. καὶ ἀρίστους: καὶ ἄνδρας ἀρίστους. 3—4. ἐβούλευον Morus: ἐβουλεύοντο. 5. ὁ βουλόμενος Cobet: λέγχυ ὁ βουλόμενος. 9. ἐπιτηδευμάτων: διαιτημάτων. 12. αὐτοῦ Bake:
αὐτός. 16. ὑπό Cobet: ἀπό.

VII (2, 17—19)

ἔτι δὲ [τὰς] συμμαχίας καὶ τοὺς ὅρκους ταῖς μὲν ὀλιγαρχουμέναις πόλεσιν ἀνάγκη ἐμπεδοῦν· ἢν δὲ μὴ ἐμμένωσι ταῖς συνθήκαις, *ἢ ὑφ' ὅτου ἀδικεῖ ὀνόματα ἀπὸ τῶν ὀλίγων οἳ συνέθεντο· ἄττα δ' ἂν ὁ δῆμος συνθῆται, ἔξεστιν αὐτῷ ἑνὶ ἀνατιθέντι τὴν αἰτίαν τῷ λέγοντι ἢ τῷ ἐπιψηφίσαντι ἀρνεῖσθαι τοῖς
5 ἄλλοις ὅτι ' οὐ παρῆν οὐδὲ ἀρέσκει ἔμοιγε τὰ συγκείμενα' ...... πυνθάνονταί ἐν πλήρει τῷ δήμῳ, καὶ εἰ μὴ δόξειε [τῷ δήμῳ σύμφορα] εἶναι ταῦτα, προφάσεις μυρίας ἐξηύρηκε τοῦ μὴ ποιεῖν ὅσα ἂν μὴ βούλωνται. κἂν μέν τι κακὸν ἀναβαίνῃ ἀφ' ὧν ὁ δῆμος ἐβούλευσεν, αἰτιᾶται ὁ δῆμος ὡς ὀλίγοι ἄνθρωποι αὐτῷ ἀντιπράττοντες διέφθειραν, ἐὰν δέ τι ἀγαθόν, σφίσιν αὐτοῖς τὴν αἰτίαν ἀνατι-
10 θέασιν.

κωμῳδεῖν δ' αὖ καὶ κακῶς λέγειν τὸν μὲν δῆμον οὐκ ἐῶσιν, ἵνα μὴ αὐτοὶ ἀκούωσι κακῶς, ἰδίᾳ δὲ κελεύουσιν, εἴ τίς τινα βούλεται, εὖ εἰδότες ὅτι οὐχὶ τοῦ δήμου ἔσται οὐδὲ τοῦ πλήθους ὁ κωμῳδούμενος ὡς ἐπὶ τὸ πολύ, ἀλλ' ἢ πλούσιός [τις] ἢ γενναῖος ἢ δυνάμενος. ὀλίγοι δέ τινες τῶν πενήτων καὶ τῶν δη-
15 μοτικῶν κωμῳδοῦνται, καὶ οὐδ' οὗτοι ἐὰν μὴ διὰ πολυπραγμοσύνην καὶ διὰ τὸ ζητεῖν πλέον τι ἔχειν τοῦ δήμου· ὥστε οὐδὲ τοὺς τοιούτους ἄχθονται κωμῳδουμένους.

φημὶ οὖν ἔγωγε τὸν δῆμον τὸν Ἀθήνησι γιγνώσκειν [μὲν] οἵτινες χρηστοί εἰσι τῶν πολιτῶν καὶ οἵτινες πονηροί· γιγνώσκοντες δὲ τοὺς μὲν σφίσιν αὐ-
20 τοῖς ἐπιτηδείους καὶ συμφόρους φιλοῦσι, κἂν πονηροὶ ὦσι, τοὺς δὲ χρηστοὺς μισοῦσι μᾶλλον. οὐ γὰρ νομίζουσι τὴν ἀρετὴν αὐτοῖς ἐπὶ τῷ σφετέρῳ ἀγαθῷ πεφυκέναι, ἀλλ' ἐπὶ τῷ [σφετέρῳ] κακῷ.

VIII (1, 10—12)

τῶν δούλων δ' αὖ καὶ τῶν μετοίκων πλείστη ἐστὶν Ἀθήνησιν ἀκολασία, καὶ οὔτε πατάξαι ἔξεστιν αὐτόθι οὔτε ὑπεκστήσεταί σοι ὁ δοῦλος. οὗ δ' ἕνεκά ἐστι τοῦτο ἐπιχώριον ἐγὼ φράσω. εἰ νόμος ἦν τὸν δοῦλον ὑπὸ τοῦ ἐλευθέρου τύπτεσθαι ἢ τὸν μέτοικον ἢ τὸν ἀπελεύθερον [ὑπὸ τοῦ ἀστοῦ], πολλάκις ἂν
5 οἰηθεὶς [τις μέτοικον] εἶναι τὸν Ἀθηναῖον [ἢ] δοῦλον ἐπάταξεν ἄν· ἤσθηταί τε

VII. 1. τάς Zusatz von Cobet. 4. ἢ τῷ: καὶ τῷ. 5. ἔμοιγε: οἴγε. 13.
ἔσται: ἐστίν. 18. ῶν von Schneider zugesetzt. 21. ἐπὶ τῷ σφ. ἀγ.: πρὸς τῷ σφ. ἀγ.
VIII. 5. ἤσθηται L. Dindorf: ἐσθῆται.

γὰρ οὐδὲν βέλτιον ὁ δῆμος αὐτόθι ἢ οἱ δοῦλοι καὶ οἱ μέτοικοι καὶ τὰ εἴδη οὐδὲν βελτίους εἰσίν. εἰ δέ τις καὶ τοῦτο θαυμάζει, ὅτι ἐῶσι τοὺς δούλους τρυ-
φᾷν αὐτόθι καὶ μεγαλοπρεπῶς διαιτᾶσθαι ἐνίους, καὶ τοῦτο γνώμῃ φανεῖεν ἂν
ποιοῦντες. ὅπου γὰρ* ναυτικὴ δύναμίς ἐστιν ἀπὸ χρημάτων, ἀνάγκη τοῖς ἀνδρα-
πόδοις δουλεύειν, ἵνα λαμβάνωμεν περιττὰς τὰς ἀποφοράς, καὶ ἐλευθέρους ἀφιέναι. 10
ὅπου δ' εἰσὶ πλούσιοι δοῦλοι, οὐκέτι ἐνταῦθα λυσιτελεῖ τὸν ἐμὸν δοῦλον σὲ δε-
διέναι· ἐν δὲ τῇ Λακεδαίμονι ὁ ἐμὸς δοῦλος σὲ δέδοικεν· ἐὰν δὲ δεδίῃ ὁ σὸς δοῦλος ἐμέ, κινδυνεύσει καὶ τὰ χρήματα διδόναι τὰ ἑαυτοῦ ὥστε μὴ κινδυνεύειν περὶ
ἑαυτοῦ. διὰ τοῦτ' οὖν ἰσηγορίαν καὶ τοῖς δούλοις πρὸς τοὺς ἐλευθέρους ἐποιήσαμεν, καὶ τοῖς μετοίκοις πρὸς τοὺς ἀστούς, διότι δεῖται ἡ πόλις μετοίκων διά τε 15
τὸ πλῆθος τῶν τεχνῶν καὶ διὰ τὸ ναυτικόν. διὰ τοῦτο οὖν καὶ τοῖς μετοίκοις
εἰκότως τὴν ἰσηγορίαν ἐποιήσαμεν.

*　　　*

IX (2, 6—8)

ἔπειτα νόσους τῶν καρπῶν, αἳ ἐκ Διός εἰσιν, οἱ μὲν κατὰ γῆν κράτιστοι
χαλεπῶς φέρουσιν, οἱ δὲ κατὰ θάλατταν ῥᾳδίως. οὐ γὰρ ἅμα πᾶσα γῆ νοσεῖ·
ὥστε ἐκ τῆς εὐθηνούσης .... ἀφικνεῖται τοῖς τῆς θαλάττης ἄρχουσιν. εἰ δὲ δεῖ
καὶ σμικροτέρων μνησθῆναι, διὰ τὴν ἀρχὴν τῆς θαλάττης πρῶτον μὲν τρόπους
εὐωχιῶν ἐξηῦρον ἐπιμιγνύμενοι ἄλλῃ ἄλλοις ...... ὅ τι ἐν Σικελίᾳ ἡδὺ ἢ ἐν 5
Ἰταλίᾳ ἢ ἐν Κύπρῳ ἢ ἐν Αἰγύπτῳ ἢ ἐν Λυδίᾳ ἢ ἐν τῷ Πόντῳ ἢ ἐν Πελοπον-
νήσῳ ἢ ἄλλοθί που, ταῦτα πάντα εἰς ἓν ἠθροῖσθαι διὰ τὴν ἀρχὴν τῆς θαλάττης. ἔπειτα φωνὴν πᾶσαν ἀκούοντες ἐξελέξαντο τοῦτο μὲν ἐκ τῆς τοῦτο δὲ ἐκ
τῆς. καὶ οἱ μὲν [ἄλλοι] Ἕλληνες ἰδίᾳ μᾶλλον καὶ φωνῇ καὶ διαίτῃ καὶ σχήματι
χρῶνται, Ἀθηναῖοι δὲ κεκραμένῃ ἐξ ἁπάντων τῶν Ἑλλήνων καὶ βαρβάρων. 10

X (2, 11—12)

τὸν δὲ πλοῦτον μόνοι οἷοί τ' εἰσὶν ἔχειν τῶν Ἑλλήνων καὶ τῶν βαρβάρων. εἰ γάρ τις πόλις πλουτεῖ ξύλοις ναυπηγησίμοις, ποῖ διαθήσεται, ἐὰν μὴ
πείσῃ τοὺς ἄρχοντας τῆς θαλάττης; τί δ' εἴ τις σιδήρῳ ἢ χαλκῷ ἢ λίνῳ [ἢ
κηρῷ] πλουτεῖ πόλις, ποῖ διαθήσεται, ἐὰν μὴ πείσῃ τοὺς ἄρχοντας τῆς θαλάτ-

---

VIII. 10. λαμβάνωμεν Löwenklau: λαμβάνων μέν. 10. περιττάς: πράττ. 12.
δέδοικεν Stephanus: δεδοίκει. IX. 5. ἄλλῃ ἄλλοις: ἀλλήλοις. 9. ἄλλοι Zusatz am
Rande des ex. Vossianum der Leydener Bibliothek bei Bake. X. 4. τοὺς ἄρχοντας:
τὸν ἄρχοντα.

5 *

5 της; .... ἐξ αὐτῶν μέντοι τούτων καὶ δὴ νῆές μοί εἰσι, παρὰ μὲν τοῦ ξύλα,
παρὰ δὲ τοῦ σίδηρος, παρὰ δὲ τοῦ χαλκός, παρὰ δὲ τοῦ λίνου, παρὰ δὲ τοῦ
κηρός. πρὸς δὲ τούτοις ἄλλοσε ἄγειν οὐκ ἐάσουσιν, εἴ τινες ἀντίπαλοι ἐκεῖ εἰσιν
...... ἢ οὐ χρήσονται τῇ θαλάττῃ. καὶ ἐγὼ μὲν οὐδὲν πονῶν ἐκ τῆς γῆς πάντα
ταῦτα ἔχω διὰ τὴν [ἀρχὴν τὴν κατὰ] θάλατταν, ἄλλη δ᾽ οὐδεμία πόλις δύο
10 τούτων ἔχει, οὐδ᾽ ἔστι τῇ αὐτῇ ξύλα καὶ λίνον, ἀλλ᾽ ὅπου λίνον ἐστὶ πλεῖστον,
λεία χώρα καὶ ἄξυλος· οὐδὲ χαλκὸς καὶ σίδηρος ἔστι τῇ αὐτῇ πόλει, οὐδὲ
τἄλλα δύο ἢ τρία μιᾷ πόλει, ἀλλὰ τὸ μὲν τῇ τὸ δὲ τῇ.

XI (1, 19—2, 5)

πρὸς δὲ τούτοις διὰ τὴν κτῆσιν τὴν ἐν τοῖς ὑπερορίοις καὶ διὰ τὰς ἀρχὰς τὰς εἰς τὴν ὑπερορίαν λελήθασι μανθάνοντες ἐλαύνειν τῇ κώπῃ αὐτοί τε
καὶ οἱ ἀκόλουθοι· ἀνάγκη γὰρ ἄνθρωπον πολλάκις πλέοντα κώπην λαβεῖν καὶ
αὐτὸν καὶ τὸν οἰκέτην, καὶ ὀνόματα μαθεῖν τὰ ἐν τῇ ναυτικῇ. καὶ κυβερνῆται
5 ἀγαθοὶ γίγνονται δι᾽ ἐμπειρίαν τε τῶν πλῶν καὶ διὰ μελέτην· ἐμελέτησαν δὲ οἱ
μὲν πλοῖον κυβερνῶντες, οἱ δὲ ὁλκάδα, οἱ δ᾽ ἐντεῦθεν ἐπὶ τριήρεσι κατέστησαν.
οἱ δὲ πολλοὶ ἐλαύνειν εὐθὺς οἷοί τε εἰσβάντες εἰς ναῦς, ἅτε ἐν παντὶ τῷ βίῳ
προμεμελετηκότες.

τὸ δὲ ὁπλιτικὸν αὐτοῖς, ὃ ἥκιστα δοκεῖ εὖ ἔχειν Ἀθήνησι, [γνώμῃ] οὕτω
10 καθέστηκεν. καὶ τῶν μὲν πολεμίων ἥττους γε σφᾶς αὐτοὺς ἡγοῦνται εἶναι κἂν
[εἰ] μεῖζον [ἦν], τῶν δὲ συμμάχων, οἳ φέρουσι τὸν φόρον, καὶ κατὰ γῆν κρά-
τιστοί εἰσι, καὶ νομίζουσι τὸ ὁπλιτικὸν ἀρκεῖν, εἰ τῶν συμμάχων κρείττονές εἰσιν. πρὸς δὲ καὶ κατὰ τύχην τι αὐτοῖς τοιοῦτον καθέστηκε· τοῖς μὲν κατὰ γῆν
ἀρχομένοις οἷόν τ᾽ ἐστὶν ἐκ μικρῶν πόλεων συνοικισθέντας ἀθρόους μάχεσθαι,
15 τοῖς δὲ κατὰ θάλατταν ἀρχομένοις, ὅσοι νησιῶταί εἰσιν, οὐχ οἷόν τε συνάρα-
σθαι εἰς τὸ αὐτὸ τὰς πόλεις· ἡ γὰρ θάλαττα ἐν τῷ μέσῳ, οἱ δὲ κρατοῦντες
θαλαττοκράτορές εἰσιν. εἰ δ᾽ οἷόν τε καὶ λαθεῖν συνελθοῦσιν εἰς ταὐτὸ τοῖς νη-
σιώταις εἰς μίαν νῆσον, ἀπολοῦνται λιμῷ. ὁπόσαι δ᾽ ἐν τῇ ἠπείρῳ εἰσὶ πόλεις
ὑπὸ τῶν Ἀθηναίων ἀρχόμεναι, αἱ μὲν μεγάλαι διὰ χρείαν ἄρχονται, αἱ δὲ μι-
20 κραὶ πάνυ [καὶ] διὰ δέος· οὐ γὰρ ἔστι πόλις οὐδεμία ἥτις οὐ δεῖται εἰσάγεσθαί
τι ἢ ἐξάγεσθαι. ταῦτα τοίνυν οὐκ ἔσται αὐτῇ, ἐὰν μὴ ὑπήκοος ᾖ τῶν ἀρχόν-

---

X. 7. εἴ τινες Schneider: οἵτινες.   7. ἐκεῖ: ἡμῖν.   8. πονῶν Schneider: ποιῶν.
11. ἔστι τῇ αὐτῇ πόλει: ἐκ τῆς αὐτῆς πόλεως.   XI. 7. εὐθὺς Löwenklau: εὐθὺς ὡς.
10. γε: τε.   10. κἂν εἰ μεῖζον ἦν: καὶ μείζους.   12. ἀρκεῖν Courier und Dobree:
ἄρχειν.   19. διὰ χρείαν: διὰ δέος.   20. διὰ δέος: διὰ χρείαν.

των ὶτῆς θαλάττης. ἔπειτα δὲ τοῖς ἄρχουσι τῆς θαλάττης οἷόν τ' ἐστὶ ποιεῖν ἅπερ τοῖς τῆς γῆς [οὐχ οἷόν τε], ἐνίοτε τέμνειν τὴν γῆν τῶν κρειττόνων· παραπλεῖν γὰρ ἔξεστιν ὅπου ἂν μηδεὶς ᾖ πολέμιος ἢ ὅπου ἂν ὀλίγοι, ἐὰν δὲ [πλείους] προσίωσιν, ἀναβάντα ἀποπλεῖν. καὶ τοῦθ' ὁ ποιῶν ἧττον ἀπορεῖ ἢ ὁ πεζῇ πα- 25
ραβοηθῶν. ἔπειτα δὲ τοῖς μὲν κατὰ θάλατταν ἄρχουσιν οἷόν τ' ἀποπλεῦσαι ἀπὸ τῆς σφετέρας αὐτῶν ὁπόσον βούλει πλοῦν, τοῖς δὲ κατὰ γῆν οὐχ οἷόν τε ἀπὸ τῆς σφετέρας αὐτῶν ἀπελθεῖν πολλῶν ἡμερῶν ὁδόν· βραδεῖαί τε γὰρ αἱ πορεῖαι καὶ σῖτον οὐχ οἷόν τε ἔχειν πολλοῦ χρόνου πεζῇ ἰόντα. καὶ τὸν μὲν πεζῇ ἰόντα δεῖ διὰ φιλίας ἰέναι ἢ νικᾶν μαχόμενον, τὸν δὲ πλέοντα, οὗ μὲν ἂν 30
ᾖ κρείττων, ἔξεστιν ἀποβῆναι, [οὗ δ' ἂν ἥττων ᾖ, μὴ ἀποβῆναι] ταύτῃ τῆς γῆς, ἀλλὰ παραπλεῦσαι, ἕως ἂν ἐπὶ φιλίαν χώραν ἀφίκηται ἢ ἐπὶ ἥττους αὐτοῦ.

XII (2, 13—16)

ἔτι δὲ πρὸς τούτοις παρὰ πᾶσαν ἤπειρόν ἐστιν ἢ ἀκτὴ προὔχουσα ἢ νῆσος προκειμένη ἢ στενόπορόν τι· ὥστε ἔξεστιν ἐνταῦθα ἐφορμοῦσι τοῖς τῆς θαλάττης ἄρχουσι λωβᾶσθαι τοὺς τὴν ἤπειρον οἰκοῦντας.

ἑνὸς δὲ ἐνδεεῖς εἰσιν· εἰ γὰρ νῆσον οἰκοῦντες θαλαττοκράτορες ἦσαν Ἀθηναῖοι, ὑπῆρχεν ἂν αὐτοῖς ποιεῖν μὲν κακῶς, εἰ ἐβούλοντο, πάσχειν δὲ μηδέν, ἕως 5
τῆς θαλάττης ἦρχον, μηδὲ τμηθῆναι τὴν αὐτῶν μηδὲ προσδέχεσθαι τοὺς πολεμίους· νῦν δὲ ...... οἱ γεωργοῦντες καὶ οἱ πλούσιοι Ἀθηναίων ὑπέρχονται τοὺς πολεμίους μᾶλλον, ὁ δὲ δῆμος, ἅτε εὖ εἰδὼς ὅτι οὐδὲν τῶν σφῶν ἐμπρήσουσιν οὐδὲ τεμοῦσιν, ἀδεῶς ζῇ καὶ οὐχ ὑπερχόμενος αὐτούς. πρὸς δὲ τούτοις καὶ ἑτέρου δέους ἀπηλλαγμένοι ἂν ἦσαν, εἰ νῆσον ᾤκουν, μηδέποτε προδοθῆναι τὴν 10
πόλιν ὑπ' ὀλίγων μηδὲ πύλας ἀνοιχθῆναι μηδὲ πολεμίους ἐπεισπεσεῖν· πῶς γὰρ νῆσον οἰκούντων ταῦτ' ἂν ἐγίγνετο; μηδ' αὖ στασιάσαι τῷ δήμῳ μηδένας, εἰ νῆσον ᾤκουν· νῦν μὲν γὰρ εἰ [τινες] στασιάσειαν, ἐλπίδα ἂν ἔχοντες ἐν τοῖς πολεμίοις στασιάσειαν, ὡς κατὰ γῆν ἐπαξόμενοι· εἰ δὲ νῆσον ᾤκουν, καὶ ταῦτ' ἂν ἀδεῶς εἶχεν αὐτοῖς. ἐπειδὴ οὖν ἐξ ἀρχῆς οὐκ ἔτυχον οἰκήσαντες νῆσον, νῦν 15
τάδε ποιοῦσι· τὴν μὲν οὐσίαν ταῖς νήσοις παρατίθενται, πιστεύοντες τῇ ἀρχῇ τῇ κατὰ θάλατταν, τὴν δὲ Ἀττικὴν γῆν περιορῶσι τεμνομένην, γιγνώσκοντες ὅτι εἰ αὐτὴν ἐλεήσουσιν, ἑτέρων ἀγαθῶν μειζόνων στερήσονται.

XI. 25. τοῦθ' ὁ: τοῦτο. 31. ταύτῃ G. Hermann: ταύτης. XII. 6. τὴν αὐτῶν: τὴν ἑαυτῶν γῆν. 12. μηδένας Weiske: μηδέν.

XIII (3, 10—11)

δοκοῦσι δὲ Ἀθηναῖοι καὶ τοῦτο οὐκ ὀρθῶς βουλεύεσθαι, ὅτι τοὺς χείρους αἱροῦνται ἐν ταῖς πόλεσι ταῖς στασιαζούσαις. οἳ δὲ τοῦτο·γνώμῃ ποιοῦσιν. εἰ μὲν γὰρ ᾑροῦντο τοὺς βελτίους, ᾑροῦντ᾽ ἂν οὐχὶ τοὺς ταὐτὰ γιγνώσκοντας σφίσιν αὐτοῖς· ἐν οὐδεμιᾷ γὰρ πόλει τὸ βέλτιστον·εὔνουν ἐστὶ τῷ δήμῳ [τῷ
5 Ἀθηναίων], ἀλλὰ τὸ κάκιστον ἐν ἑκάστῃ ἐστὶ πόλει εὔνουν τῷ δήμῳ· οἱ·γὰρ ὅμοιοι τοῖς ὁμοίοις εὖνοί εἰσιν. διὰ ταῦτα οὖν Ἀθηναῖοι τὰ σφίσιν αὐτοῖς προσήκοντα αἱροῦνται. ὁποσάκις δ᾽ ἐπεχείρησαν αἱρεῖσθαι τοὺς βελτίστους, οὐ συνήνεγκεν αὐτοῖς....... ἀλλ᾽ ἐντὸς ὀλίγου χρόνου ὁ δῆμος ἐδούλευσεν ὁ ἐν Βοιωτοῖς. τοῦτο δὲ ὅτε Μιλησίων εἵλοντο τοὺς βελτίστους, ἐντὸς ὀλίγου χρόνου
10 ἀποστάντες τὸν δῆμον κατέκοψαν. τοῦτο δὲ ὅτε εἵλοντο Λακεδαιμονίους ἀντὶ Μεσσηνίων, ἐντὸς ὀλίγου χρόνου Λακεδαιμόνιοι καταστρεψάμενοι Μεσσηνίους ἐπολέμουν Ἀθηναίοις.

XIV (1, 14—18)

περὶ δὲ τῶν συμμάχων....... ὅτι ἐκπλέοντες συκοφαντοῦσιν ὡς δοκοῦσι καὶ μισοῦσι τοὺς χρηστούς..... γιγνώσκοντες ὅτι μισεῖσθαι μὲν ἀνάγκη τὸν ἄρχοντα ὑπὸ τοῦ ἀρχομένου, εἰ δὲ ἰσχύσουσιν οἱ πλούσιοι καὶ οἱ χρηστοὶ ἐν ταῖς πόλεσιν, ὀλίγιστον χρόνον ἡ ἀρχὴ ἔσται τοῦ δήμου τοῦ Ἀθήνησιν. διὰ
5 ταῦτ᾽ οὖν τοὺς μὲν χρηστοὺς ἀτιμοῦσι καὶ χρήματα ἀφαιροῦνται καὶ ἐξελαύνουσι καὶ ἀποκτείνουσι, τοὺς δὲ πονηροὺς αὔξουσιν. οἱ δὲ χρηστοὶ Ἀθηναίων τοὺς χρηστοὺς ἐν ταῖς συμμαχίσι πόλεσι σῴζουσι, γιγνώσκοντες ὅτι σφίσιν ἀγαθόν ἐστι τοὺς βελτίστους σῴζειν ἀεὶ ἐν ταῖς πόλεσιν.

εἴποι δέ τις ἂν ὅτι ἰσχύς ἐστιν αὕτη Ἀθηναίων, ἐὰν οἱ σύμμαχοι δυ-
10 νατοὶ ὦσι χρήματα εἰσφέρειν. τοῖς δὲ δημοτικοῖς δοκεῖ μεῖζον ἀγαθὸν εἶναι τὰ τῶν συμμάχων χρήματα ἕνα ἕκαστον Ἀθηναίων ἔχειν, ἐκείνους δὲ ὅσον ζῆν καὶ ἐργάζεσθαι, ἀδυνάτους ὄντας ἐπιβουλεύειν.

δοκεῖ δὲ ὁ δῆμος ὁ Ἀθηναίων καὶ ἐν τῷδε κακῶς βουλεύεσθαι, ὅτι τοὺς συμμάχους ἀναγκάζουσι πλεῖν ἐπὶ δίκας Ἀθήναζε. οἳ δὲ ἀντιλογίζονται ὅσα ἐν
15 τούτῳ ἔνι ἀγαθὰ τῷ δήμῳ τῷ Ἀθηναίων. πρῶτον μὲν ἀπὸ τῶν πρυτανείων τὸν μισθὸν δι᾽ ἐνιαυτοῦ λαμβάνειν· εἶτ᾽ οἴκοι καθήμενοι ἄνευ νεῶν ἔκπλου διοικοῦσι

XIII. 1. τοῦτο Morus: τοῦτό μοι.   8. ὁ ἐν Madvig: ὁ μέν.   XIV. 2. μειοῦσι
O. Schröder: μισοῦσι.   3. χρηστοί Cobet: ἰσχυροί.

τὰς πόλεις τὰς συμμαχίδας· καὶ τοὺς μὲν τοῦ δήμου σώζουσι, τοὺς δ' ἐναν-
τίους ἀπολλύουσιν ἐν τοῖς δικαστηρίοις· εἰ δὲ οἴκοι εἶχον ἕκαστοι τὰς δίκας, ἅτε
ἀχθόμενοι Ἀθηναίοις τούτους ἂν σφῶν αὐτῶν ἀπώλλυσαν, οἵτινες φίλοι μάλι-
στα ἦσαν Ἀθηναίων τῷ δήμῳ. πρὸς δὲ τούτοις ὁ δῆμος ὁ Ἀθηναίων τάδε κερδαίνει   20
τῶν δικῶν Ἀθήνησιν οὐσῶν τοῖς συμμάχοις. πρῶτον μὲν γὰρ ἡ ἑκατοστὴ τῇ πόλει
πλείων ἡ ἐν Πειραιεῖ· ἔπειτα εἴ τῳ συνοικία ἔστιν, ἄμεινον πράττει· ἔπειτα εἴ
τῳ ζεῦγος ἔστιν ἢ ἀνδράποδον μισθοφοροῦν· ἔπειτα οἱ κήρυκες ἄμεινον πράτ-
τουσι διὰ τὰς ἐπιδημίας τὰς τῶν συμμάχων. πρὸς δὲ τούτοις, εἰ μὲν μὴ ἐπὶ δίκας ᾖσαν οἱ σύμμαχοι, τοὺς ἐκπλέοντας Ἀθηναίων ἐτίμων ἂν μόνους, τούς τε   25
στρατηγοὺς καὶ τοὺς τριηράρχους καὶ [τοὺς] πρέσβεις· νῦν δ' ἠνάγκασται τὸν
δῆμον κολακεύειν τὸν Ἀθηναίων εἰς ἕκαστος τῶν συμμάχων, γιγνώσκων ὅτι δεῖ
ἀφικόμενον Ἀθήναζε δίκην δοῦναι καὶ λαβεῖν οὐκ ἐν ἄλλοις τισὶν ἀλλ' ἐν τῷ
δήμῳ, ὅς ἔστι δὴ νόμος Ἀθήνησιν· καὶ ἀντιβολῆσαι ἀναγκάζεται ἐν τοῖς δικαστηρίοις καὶ εἰσιόντος τευ ἐπιλαμβάνεσθαι τῆς χειρός. διὰ τοῦτο οὖν οἱ σύμ-   30
μαχοι δοῦλοι τοῦ δήμου τοῦ Ἀθηναίων καθεστᾶσι μᾶλλον.

XV (3, 1—2m)

ἔτι δὲ καὶ τάδε τινὰς ὁρῶ μεμφομένους Ἀθηναίοις, ὅτι ἐνίοτε οὐκ
ἔστιν αὐτόθι χρηματίσαι τῇ βουλῇ οὐδὲ τῷ δήμῳ ἐνιαυτὸν καθημένῳ ἀνθρώ-
πῳ. καὶ τοῦτο Ἀθήνησι γίγνεται οὐδὲν δι' ἄλλο ἢ [διότι] διὰ τὸ πλῆθος τῶν
πραγμάτων οὐχ οἷοί τε πάντας ἀποπέμπειν εἰσὶ χρηματίσαντες. πῶς γὰρ ἂν
καὶ οἷοί τε εἶεν, οὕστινας πρῶτον μὲν δεῖ ἑορτάσαι ἑορτὰς ὅσας οὐδεμία τῶν   5
Ἑλληνίδων πόλεων· ἐν δὲ ταύταις ἧττόν τινα δυνατόν ἐστι διαπράττεσθαι τῶν
τῆς πόλεως· ἔπειτα δὲ δίκας καὶ γραφὰς καὶ εὐθύνας ἐκδικάζειν ὅσας οὐδ' οἱ
σύμπαντες ἄνθρωποι ἐκδικάζουσιν . . . .

*   *

XVI (3, 4—8m)

δεῖ δὲ καὶ τάδε διαδικάζειν, εἴ τις τὴν ναῦν μὴ ἐπισκευάζει ἢ κατοικο-
δομεῖ τι δημόσιον· πρὸς δὲ τούτοις χορηγοῖς διαδικάσαι εἰς Διονύσια καὶ Θαρ-
γήλια καὶ Παναθήναια [ὅσα ἔτη· καὶ γυμνασιάρχοις διαδικάσαι εἰς Παναθήναια]
καὶ Προμήθεια καὶ Ἡφαίστια ὅσα ἔτη· καὶ τριηράρχοις, [οἳ] καθίστανται τε-

---

XIV. 22. πράττει Schneider: πράττειν. 26. τούς von Cobet zugesetzt. 27.
δεῖ G. Hermann: δεῖ μέν. XV. 1. Ἀθηναίοις Hertlein: Ἀθηναίους. XVI. 4. τριηράρχοις, οἳ: τριήραρχοι.

5 τρακόσιοι ἑκάστου ἐνιαυτοῦ, καὶ τούτων τοῖς βουλομένοις διαδικάσαι ὅσα ἔτη·
πρὸς δὲ τούτοις ἀρχὰς δοκιμάσαι καὶ διαδικάσαι καὶ ὀρφανοὺς δοκιμάσαι καὶ
φυλακὰς δεσμωτῶν καταστῆσαι. ταῦτα μὲν οὖν ὅσα ἔτη· διὰ χρόνου δὲ δικάσαι δεῖ ἀστρατείας καὶ ἐάν τι ἄλλο ἐξαπιναῖον ἀδίκημα γένηται, ἐάν τε ὑβρί-
σωσί τινες ἄηθες ὕβρισμα ἐάν τε ἀσεβήσωσιν. πολλὰ ἔτι πάνυ παραλείπω· τὸ
10 δὲ μέγιστον εἴρηται πλὴν αἱ τάξεις τοῦ φόρου· τοῦτο δὲ γίγνεται ὡς τὰ πολλὰ
δι' ἔτους πέμπτου. φέρε δὴ τοίνυν, ταῦτα οὐκ οἴεσθαι [δεῖ] χρῆναι δικάζειν
ἅπαντα; εἰπάτω γάρ τις ὅ τι οὐ χρῆν αὐτόθι δικάζεσθαι. εἰ δ' αὖ ὁμολογεῖν
δεῖ ἅπαντα χρῆναι δικάζειν, ἀνάγκη δι' ἐνιαυτοῦ· ὡς οὐδὲ νῦν δι' ἐνιαυτοῦ δι-
κάζοντες ἐπαρκοῦσιν ὥστε παύειν τοὺς ἀδικοῦντας ὑπὸ τοῦ πλήθους τῶν ἀν-
15 θρώπων. φέρε δή, ἀλλὰ φήσει τις χρῆναι δικάζειν μέν, ἐλάττους δὲ δικάζειν·
ἀνάγκη τοίνυν, ἐὰν μὲν ὀλίγα ποιῶνται δικαστήρια, [μὴ ἐπαρκεῖν· ἐὰν δὲ πολλὰ
ποιῶνται δικαστήρια], ὀλίγοι ἐν ἑκάστῳ ἔσονται τῷ δικαστηρίῳ· ὥστε καὶ δι-
ασκευάσατθαι ῥᾴδιον ἔσται πρὸς ὀλίγους δικαστὰς καὶ συνδεκάσαι.... πολὺ
ἧττον δικαίως δικάζειν. πρὸς δὲ τούτοις οἴεσθαι χρὴ καὶ ἑορτὰς ἄγειν χρῆναι
20 Ἀθηναίους ἐν αἷς οὐχ οἶόν τε δικάζειν. καὶ ἄγουσι μὲν ἑορτὰς διπλασίους ἢ οἱ
ἄλλοι· ἀλλ' ἐγὼ τίθημι ἴσας τῇ ὀλιγίστας ἀγούσῃ πόλει....

* *

XVII (3, 2m — 3)

τὴν δὲ βουλὴν βουλεύεσθαι πολλὰ μὲν περὶ τοῦ πολέμου, πολλὰ δὲ περὶ
πόρου χρημάτων, πολλὰ δὲ περὶ νόμων θέσεως, πολλὰ δὲ περὶ τῶν κατὰ [τὴν]
πόλιν ἀεὶ γιγνομένων, πολλὰ δὲ καὶ [περὶ τῶν ἐν] τοῖς συμμάχοις, καὶ φόρον
δέξασθαι καὶ νεωρίων ἐπιμελ+θῆναι καὶ ἱερῶν.

5 ἆρα δή τι θαυμαστόν ἐστιν, εἰ τοσούτων ὑπαρχόντων πραγμάτων μὴ
οἵοί τ' εἰσὶ πᾶσιν ἀνθρώποις χρηματίσαι; λέγουσι δέ τινες [ὅτι] ἤν τις ἀργύριον
ἔχων προσίῃ πρὸς βουλὴν ἢ δῆμον, χρηματιεῖται. ἐγὼ δὲ τούτοις ὁμολογήσαιμ'
ἂν ἀπὸ χρημάτων πολλὰ διαπράττεσθαι Ἀθήνησι, καὶ ἔτι ἂν πλείω διαπράττεσθαι, εἰ πλείους ἔτι ἐδίδοσαν ἀργύριον· τοῦτο μέντοι εὖ οἶδ' ὅτι πᾶσι δια-

---

XVI. 7. φυλακάς: φύλακας. 7. δὲ δικάσαι: διαδικάσαι. 8. ἀστρατείας Bro-
daeus: στρατιάς. 8—9. ὑβρίσωσι Schneider: ὑβρίζωσι. 11. δεῖ Zusatz von Stephanus.
δικάζειν: διαδικάζειν. 12. δικάζεσθαι: διαδικάζεσθαι. 12—13. ὁμολογεῖν δεῖ Löwenklau:
ὁμολογεῖ δεῖ. 13. δικάζειν: διαδικάζειν. 14. ἐπαρκοῦσιν Löwenklau: ὑπάρχουσιν.
16. ἀνάγκη: ἀνάγκη. 18. συνδεκάσαι Schneider: συνδικάσαι. 21. ἐγώ: ἐγὼ μέν.
XVII. 3. περὶ τῶν ἐν Zusatz von Schneider. 6. ὅτι Zusatz von Cobet. 9. ἔτι
ἐδίδοσαν Cobet: ἐπεδίδοσαν. 9. οἶδ' ὅτι Chatillon: οἶδα διότι.

πρᾶξαι ἡ πόλις [πολλῶν ὄντων] τῶν δεομένων οὐχ ἱκανή, οὐδ' εἰ ὁποσονοῦν χρυ- 10
σίον καὶ ἀργύριον διδοίη τις αὐτοῖς.

XVIII (3, 8m—9)

τούτων τοίνυν τοιούτων ὄντων οὔ φημι οἷόν τ' εἶναι ἄλλως ἔχειν τα
πράγματα Ἀθήνησιν ἢ ὥσπερ νῦν ἔχει, πλὴν εἰ κατὰ μικρόν τι οἷόν τε τὸ μὲν
ἀφελεῖν, τὸ δὲ προσθεῖναι. πολὺ δ' οὐχ οἷόν τε μετακινεῖν, ὥστε μὴ οὐχὶ τῆς
δημοκρατίας ἀφαιρεῖν τι. ὥστε μὲν γὰρ βέλτιον ἔχειν τὴν πολιτείαν οἷόν τε
πολλὰ ἐξευρεῖν, ὥστε μέντοι ὑπάρχειν μὲν δημοκρατίαν εἶναι, ἠκριβῶσθαι δὲ 5
τοῦτο, ὅπως βέλτιον πολιτεύσονται, οὐ ῥᾴδιον ἐξευρεῖν, πλήν, ὅπερ ἄρτι εἶπεν,
κατὰ μικρόν τι προσθέντα ἢ ἀφελόντα ....

*   *

XIX (2, 20—3, 1m)

καὶ τοὐναντίον γε τούτου ἔνιοι, ὄντες ὡς ἀληθῶς τοῦ δήμου, τὴν φύσιν
οὐ δημοτικοί εἰσιν. δημοκρατίαν δ' ἐγὼ αὐτῷ μὲν τῷ δήμῳ συγγιγνώσκω· ἑαυ-
τὸν γὰρ εὖ ποιεῖν παντὶ συγγνώμη ἐστίν· ὅστις δὲ μὴ ὢν τοῦ δήμου εἵλετο ἐν
δημοκρατουμένῃ πόλει οἰκεῖν μᾶλλον ἢ ἐν ὀλιγαρχουμένῃ, ἀδικεῖν παρεσκευάσατο
καὶ ἔγνω ὅτι μᾶλλον οἷόν τε διαλαθεῖν κακῷ ὄντι ἐν δημοκρατουμένῃ πόλει ἢ 5
ἐν ὀλιγαρχουμένῃ. καὶ περὶ τῆς Ἀθηναίων πολιτείας, τὸν μὲν τρόπον οὐκ ἐπαινῶ, ἐπειδήπερ δ' ἔδοξεν αὐτοῖς δημοκρατεῖσθαι, εὖ μοι δοκοῦσι διασῴζεσθαι τὴν
δημοκρατίαν, τούτῳ τῷ τρόπῳ χρώμενοι ᾧ ἐγὼ ἐπέδειξα.

XVIII. 4. οἷόν τε Chatillon: οἴοντα. 5 — 6. ἠκριβῶσθαι — πλήν: ἀκούντως δὲ
τοῦτο ἐξευρεῖν, ὅπως δὲ βέλτιον πολιτεύσονται, οὐ ῥᾴδιον, πλήν. XIX. 3. γὰρ Cobet:
μὲν γάρ.

Erläuterungen.

I. Z. 15 ist das Asyndeton unerträglich und doch der Satz οὔτε ἱππαρχιῶν so ganz im Stile des Verfassers, dass es nicht möglich scheint die Worte als erläuternden Zusatz einer fremden Hand zu betrachten und demnach auszuscheiden. So wird die Annahme einer Lücke unvermeidlich, welche beispielsweise zu ergänzen versucht worden ist.

II. Eine Lücke zwischen I und III zu setzen ist zwar durch den Zusammenhang nicht geboten; aber das Stück II kann im Bereiche des uns Erhaltenen nur an dieser Stelle untergebracht werden. Will man also nicht annehmen, dass ein sehr beträchtlicher Theil der Darstellung verloren gegangen sei, auf dessen ehemaliges Vorhandensein sonst nichts in dem Erhaltenen hinweist, so bleibt meines Erachtens keine andere Auskunft, als die vorgeschlagene. Der Zusammenhang wäre dann dieser: 'Leute, welche aus Unkenntniss der athenischen Verhältnisse meinen, dass, wie in manchen anderen demokratischen Staaten von revolutionärem Entwickelungsgange, in Athen die Partei der 'Edlen und Reichen' der politischen Rechte und im Besonderen der Amtsfähigkeit gänzlich beraubt sei, und auf diese Vorstellung die Hoffnung gründen, es drohe von dieser Seite der athenischen Demokratie ernsthafte Gefahr, werden die Darstellung in I nicht glaublich finden und einwerfen, dass, wenn sie richtig wäre, es zu Athen gar keine ἄτιμοι geben könnte, die sich zu beklagen ein Recht hätten'. Dem wird entgegengehalten, dass die Folgerung nicht zutreffe, die Zahl dieser ἄτιμοι aber allerdings so gering sei, dass die athenische Demokratie von ihnen nichts zu befürchten habe.

IV. V. Dass diese Stücke ihrem Inhalte nach in den Zusammenhang einer Ausführung gehören, welche wir nach dem Ende von III vermissen, ist oben bereits hervorgehoben worden. Dass sie in der angegebenen Weise unmittelbar zusammenstossen, ist zwar keinesweges sicher, hat aber doch einige Wahrscheinlichkeit für sich. Nach V fehlt, wie ebenfalls bereits bemerkt worden ist, die eigentliche Ausführung der zuletzt ausgesprochenen Behauptung, und dass IV nach rückwärts nicht unmittelbar an III anschliesst, ist ohne Weiteres an sich klar.

IV. Z. 5. Man vermisst die begonnene Ausführung in Bezug auf die ἱερά, und die τεμένη, und der Übergang zu den öffentlichen Bauten, die einer wesentlich anderen Bestimmung dienen, ist, weil im Vorangehenden nicht vorbereitet, von kaum erträglicher Härte. Auch deutet δημοσίᾳ μὲν ἡ πόλις auf einen Gegensatz (Opfer und Speisungen etwa der Phylen), welcher nicht ausgeführt ist. Alles dies nöthigt zur Annahme einer Lücke, obwohl der Wortlaut des verloren gegangenen sich natürlich nicht herstellen lässt.

VII. Im ganzen Bereiche des Erhaltenen ist die einzige Stelle, an welche der jetzt völlig in der Luft schwebende erste Absatz dieses Stückes sich anschliessen kann und so passend anschliesst, dass nicht einmal den Wegfall eines verbindenden Gliedes anzunehmen nothwendig wird, eben das Ende von VI. Dadurch treten zugleich die folgenden Absätze in einen grösseren Zusammenhang, der ihre Folge begreiflich macht; der dritte schliesst nun in angemessener Weise das Ganze der Erörterung ab, welche mit III begonnen hat. — Z. 5. scheint der Wegfall einiger Worte, den der Mangel an Zusammenhang anzunehmen unbedingt nöthigt, durch ein Homoeoteleuton veranlasst zu sein: τὰ συγκείμενα. [ὅθεν πολλάκις τίνα ἐστὶ τὰ συγκείμενα] πυνθάνονται u. s. w. Auch Z. 6. ist der Wortlaut nicht vollständig erhalten; durch die im Text gegebene Ergänzung wird zugleich das folgende ἐξηύρηκε verständlicher.

VIII. Wie dieses Stück dem Sinne nach sich an das Vorhergehende anschliesst und dasselbe in angemessener Weise fortsetzt, ist oben bereits angedeutet worden.

IX—XI. Dass die Stücke IX und X einem Abschnitte angehören, welcher von dem Verhältniss Athens zur See und dessen Herrschaft handelte, so wie dass der erste Absatz des Stückes XI am Wahrscheinlichsten als der Abschluss dieses Abschnittes zu betrachten ist, ist oben ausgeführt worden. Der Anfang fehlt, aber die Folge der Stücke ist nicht zweifelhaft; dass sie unmittelbar zusammenstossen, will ich nicht für gewiss ausgeben, obwohl mir einer solchen Annahme auch nichts im Wege zu stehen scheint. Das Ganze der Stücke IX—XI, sammt dem was sich als Fortsetzung an XI anschliesst, auf VIII folgen zu lassen, bestimmt mich der Umstand, dass in letzterem Stücke die nachsichtige Behandlung der Sclaven und Metoeken wiederholt durch den Hinweis darauf gerechtfertigt wird, dass Athen beider für die Behauptung seiner Handels- und Seemachtstellung dringend benöthigt sei, von dieser Bemerkung aber der Übergang zu einer apologetischen Besprechung dieser Stellung selbst sich am ungezwungensten und wie von selbst ergibt. — IX. Z. 3. fehlt mindestens das Subject, wahrscheinlich aber noch mehr, so dass eine Ergänzung nicht wohl möglich ist. Dasselbe gilt von der nicht minder offenkundigen Lücke Z. 5. — X. Z. 3 und 4 habe ich es nicht gewagt zweimal πρός statt des πείτη der übrigen Handschriften aus der Modeneser aufzunehmen, obwohl im Folgenden dann wiederum eine Lücke anzusetzen ist. Denn vor πρὸς δὲ τούτοις Z. 7 musste nothwendig gesagt sein, dass die die See beherrschende Macht die genannten Producte zunächst und vor Allem in ihre eigenen Häfen leiten werde. Die genannte Handschrift bietet auch sonst Eigenthümlichkeiten, die ich jedoch um deswillen nicht berücksichtigt habe, weil sie mir sämmtlich Emendationen eines aufmerksamen und nicht unverständigen Lesers zu sein scheinen, welche dem Richtigen oft sehr nahe kommen. Auch das doppelte πρός halte ich für Conjectur, wenn auch für eine, welche ihrem Urheber keine Schande macht. — Z. 3—4 darf mit Rücksicht auf Z. 7 vermuthet werden, dass hinter ἢ λίνῳ ein ἢ κηρῷ ausgefallen ist, was ich demgemäss eingesetzt habe. — Z. 8. Schon der plötzliche Wechsel des Subjectes, noch mehr aber die völlige Zusammenhangslosigkeit der Gedanken weisen auf eine Lücke hin. Gesagt war offenbar, dass man entweder sich dem ausgesprochenen Willen der die See beherrschenden Macht fügen oder darauf gefasst machen müsse, von der Benutzung des Meeres für den Vertrieb der Landesproducte ausgeschlossen zu sein. Der Ausfall entstand wahrscheinlich dadurch, dass das Auge eines Abschreibers von dem ersten zum zweiten ἢ sich verirrte. — Z. 9. Nicht das Meer schlechtweg, sondern die Herrschaft über das Meer gibt die Möglichkeit sich die genannten Dinge alle zu verschaffen. Also nicht διὰ τὴν θάλατταν, sondern διὰ τὴν [ἀρχὴν τὴν κατὰ] θάλατταν. — XI. Z. 9 ist das blosse οὕτω ganz unverständlich. Es fehlt davor die Hauptsache, nämlich ein γνώμη oder οὐκ ἄνευ γνώμης; ersteres braucht der Verfasser auch sonst, wesswegen ich ihm den Vorzug gegeben habe. — Z. 23. Die das Land beherrschende Macht ist nicht, wie der Besitzer einer die See beherrschenden Flotte, im Stande feindliches Gebiet zu verheeren ohne eine dem Gegner überlegene Landmacht zur habe.

XII. Dass wir in diesem Stück die Fortsetzung des vorhergehenden haben, ist handgreiflich, dass beide Stücke unmittelbar zusammenschliessen zwar nicht direct erweislich, aber doch kaum zu bezweifeln. — Z. 7. Die Thatsache, dass der Demos von den Leiden des Krieges weniger berührt wird, als die Reichen und Landbauer, und sie sich darum auch weniger anfechten lässt, bildet nicht den richtigen Gegensatz zu der Behauptung, dass, wenn die Athener eine Insel bewohnten, sie von feindlichen Einfällen überhaupt nicht zu leiden haben würden, sondern kann nur hervorgehoben werden in der Absicht, das Gewicht der Thatsache, welche diesen Gegensatz bildet, nämlich dass die Athener, weil sie eben ein Land von nicht insularer Lage bewohnen, ihr Gebiet den Verheerungen eines überlegenen Feindes ausgesetzt sehen, einigermassen abzuschwächen und weniger bedenklich erscheinen zu lassen. Es fehlt also nach νῦν δέ ein wesentlicher Theil der Ausführung; dem Sinne nach war etwa gesagt: 'so aber müssen sie ihr Gebiet durch den Feind verheeren lassen, obwohl die üblen Folgen davon allerdings wesentlich nur die Reichen treffen, während der Demos nichts von ihnen zu spüren hat und sie sich darum auch nicht zu Herzen nimmt'.

XIII. XIV. XV—XVIII. Bei der Anordnung dieser Stücke bin ich von der Erwägung ausgegangen, dass XV—XVIII, über welches Stück oben ausführlich gehandelt worden ist, durch den letzten Absatz (XVIII) ziemlich deutlich als Schluss der ganzen Darstellung charakterisirt ist. Sind also die Stücke I—XII im Wesentlichen richtig geordnet, so können XIII und XIV nur nach XII und vor XV untergebracht werden. Nun sind aber unter den Bittstellern, deren Beschwerden über Mangel an prompter Bescheidung und schleppenden Gang der Geschäfte in Athen im Abschnitt XV—XVIII besprochen werden, der überwiegenden Mehrzahl nach ohne Zweifel Angehörige der bundesgenössischen Staaten zu verstehen; das Stück XIV, welches die Behandlung der Bundesgenossen in anderen Beziehungen zu rechtfertigen unternimmt, gehört also in die unmittelbare Nähe von XV—XVIII, und es war folglich nicht XIV. XIII, sondern umgekehrt, wie geschehen, zu ordnen. Dass die drei Stücke übrigens unmittelbar unter sich zusammenhängen und XIII unmittelbar an XII anschliesst, ist freilich nicht erweislich, ich sehe aber auch keinen Grund, welcher zu der Annahme berechtigte oder nöthigte, dass zwischen ihnen wesentliche Theile der Darstellung weggefallen seien.

XIII. Z. 8. Die offenbare Lücke, an der die Darstellung leidet, ist am Wahrscheinlichsten mit Madvig an dieser Stelle und nicht später anzusetzen. An eine Ergänzung kann um so weniger gedacht werden, als sich nicht mit Bestimmtheit feststellen lässt, auf welches historische Ereigniss der Verfasser eigentlich anspielt. Die Entstehung der Lücke erklärt sich am einfachsten auch hier wieder durch ein Homoeoteleuton: οὐ συνήνεγκεν αὐτοῖς. [τοῦτο μὲν γάρ, ὅτε ......, οὐ συνήνεγκεν αὐτοῖς], ἀλλ' ἐν-τὸς ὀλίγου χρόνου ὁ δῆμος ἐδούλευσεν ὁ ἐν Βοιωτοῖς. — XIV. Z. 1 ff. Die Lücken-haftigkeit des Anfanges steht ausser Zweifel, was indessen fehlt und wo es ausgefallen, ist nicht mit Sicherheit auszumachen. Die obigen An-sätze machen nur auf ungefähre Richtigkeit Anspruch. — XVI. Z. 3. Es fällt auf, dass der Diadikasien der Gymnasiarchen in diesem Zusammen-hange gar nicht gedacht wird. Dazu kommt, dass Aufführung von Chö-ren und Choregie nur für die Dionysien, Thargelien und Panathenaeen bezeugt ist; an den Prometheen und Hephaestien dagegen fand nur ein Fackellauf statt, für welchen eben Gymnasiarchie nothwendig war. Er-wägt man ausserdem, dass letztere Ceremonie auch der Panathenaeen-feier eigen war, welche demnach eine doppelte Liturgie, Choregie sowohl als Gymnasiarchie, nothwendig machte, so wird man mit mir die An-nahme einer Lücke nothwendig finden, welche durch das Abirren von einem Παναθήναια zum anderen am leichtesten erklärt wird. Berücksich-tigt man nun die Ausdrucksweise des Verfassers, so wird man das Feh-lende mit ziemlicher Sicherheit auf die im Texte befolgte Weise ergän-zen können. — Z. 16. Die Herabsetzung der Zahl der Richter nöthigt entweder die Zahl der Dikasterien zu vermindern, oder, will man diese auf der bisherigen Höhe halten, die Dikasterien schwächer zu besetzen. Beide Möglichkeiten waren zu berücksichtigen und es heisst dem Verfas-ser weniger Umsicht zutrauen, als er besitzt, wenn man dem Mangel der Überlieferung durch Änderung des μέν in μή meint abgeholfen zu haben.

sten Gliedes im zweiten ist ganz der Weise des Verfassers gemäss. — Z. 18 wird es genügen, mit Schneider ein ὥστε vor πολύ einzuschieben. — XVII. Z. 3 dürfte desselben Ergänzung, welche im Texte befolgt worden ist, der Wahrheit wenigstens nahe kommen. — Z. 10. Die Überlieferung lässt keine Construction zu. Überdem ist der Schluss, welchen der Verfasser zieht, nur für den Fall stringent, dass die Zahl der Bittsteller gross ist; dies also musste ausdrücklich hervorgehoben werden. Ich halte unter diesen Umständen die Annahme einer Lücke für unausweichlich; die meiner Ansicht nach wahrscheinlichste Ausfüllung gibt der Text.

XIX. Ich habe mich dafür entschieden, dass dieses Stück den Abschluss nicht eines Theiles, sondern des Ganzen der Darstellung bilde, und ihm desswegen hier seinen Platz angewiesen, obwohl es auch mit XVIII nicht unmittelbar zusammenhängt, sondern dazwischen nothwendig eine Lücke anzunehmen ist. Die Gründe, welche mich zu dieser Setzung bestimmen, sind, dass XIX und XVIII wegen der Gleichartigkeit ihres Inhaltes unmöglich zwei verschiedenen selbständigen Abschlüssen angehören können, und dass folglich, wenn man XIX als den Schluss eines ersten Theiles, nicht des Ganzen, betrachten wollte, auch XVIII nothwendig zu diesem gezogen werden müsste. Dann aber würde wenigstens im Bereiche des Erhaltenen sich keine Spur des Abschlusses des zweiten Theiles, welcher doch nicht fehlen konnte, nachweisen lassen, dieser also als verloren zu betrachten sein. Einfacher erscheint unter diesen Umständen die Annahme nur eines gemeinsamen Schlusses, welche überdem durch den schon oben hervorgehobenen Umstand wesentlich unterstützt wird, dass die letzten Worte von XIX in einer offenbar berechneten Weise so gestellt erscheinen, dass sie auf den Anfang der Schrift und die in demselben enthaltene Formulirung der zu lösenden Aufgabe zurückweisen.

ja unter Umständen der Evidenz genähert werden können, wenn es gelänge der zweiten der oben bezeichneten Bedingungen zu genügen, d. h. in überzeugender Weise den Hergang nachzuweisen, durch welchen der ursprüngliche Zusammenhang grade in dieser und keiner anderen Weise zerstört werden konnte oder musste. Allein auch dies ist mir nicht in der Weise zu leisten möglich, welche das Ergebniss als Element eines Beweises im strengen Sinne zu verwerthen gestatten würde: ich vermag im Grunde nur nachzuweisen, dass ein Hergang denkbar ist, welcher eine Zerrüttung dieser Art zur Folge haben konnte, sehe mich aber ausser Stande dieser Möglichkeit irgend einen Grad von Wahrscheinlichkeit zu verschaffen. Immerhin bleibt der Nachweis auch der blossen Möglichkeit von einigem Werth und mag darum im Folgenden versucht werden.

Dass die Zerstörung, welche wir zu beklagen haben, nicht auf Rechnung der Thätigkeit eines Epitomators oder Excerptenmachers gesetzt werden darf, scheint mir auf der Hand zu liegen: die einzelnen Stücke tragen durchaus nicht den Charakter von Excerpten, der Ausdruck und die Darstellung überhaupt ist von einer Originalität, wie sie unter den Händen eines Epitomators sich nicht bewahrt haben würde, auch die Folge, in welche die Stücke jetzt gestellt erscheinen, lässt keine Spur der Einwirkung solcher Gesichtspuncte erkennen, wie sie die bewusste Thätigkeit von Epitomatoren oder Excerptenmachern in das Auge zu fassen pflegt. Der Zerstörungsprocess kann daher nur aus der Einwirkung mechanischer Vorgänge erklärt werden. Am nächsten scheint es dann zu liegen diese Vorgänge in die Zeit der mittelalterlichen Überlieferung zu verlegen und den dermaligen Zustand des überlieferten Textes auf die zufällige Zerstörung zurückzuführen, welche eine byzantinische Handschrift durch die Versetzung einiger und den Verlust anderer Blätter zu erleiden gehabt hätte. Allein die überwiegende Mehrzahl der Stücke ist von viel zu geringem Umfange, als dass man sie dem Inhalte einzelner Blätter selbst kleinsten Formates gleich setzen könnte. Überdem geht zwar die handschriftliche Überlieferung unmittelbar nicht über das zwölfte

Jahrhundert hinauf, allein die Vergleichung der bei Johannes von Stobi sich findenden Excerpte. mit dem Texte unserer Handschriften zeigt so auffällige Übereinstimmung in den gröbsten und handgreiflichsten Verderbnissen, dass der Schluss gerechtfertigt erscheint, es sei die Beschaffenheit der Überlieferung im 5—6 Jahrhundert nicht wesentlich verschieden gewesen von der des zwölften. Dies Alles deutet darauf hin, dass die Schäden der Überlieferung einer sehr viel früheren Zeit ihren Ursprung verdanken und wenigstens in das spätere Alterthum hinaufreichen. Nun zerfällt die oben vorgetragene Hypothese den Bestand der Überlieferung in 25 einzelne Partikeln, von denen 6 als verloren gesetzt werden. Die 19 erhaltenen sind zwar von ungleichem Umfange, lassen aber ein gemeinschaftliches Maass nicht undeutlich erkennen. Die kleineren nämlich (II—V. IX. X. XIII. XV. XVII—XIX), 11 an der Zahl, sind einander annähernd an Umfang gleich, nur einzelne bleiben hinter der Durchschnittsgrösse der übrigen zurück oder gehen über dieselbe hinaus in einer Weise, welche auffallen könnte; von den grösseren haben sechs (I. VI—VIII. XII. XVI) das Doppelte, zwei (XI. XIV) etwa das Dreifache des durchschnittlichen Umfanges der kleineren. Von letzterem darf also angenommen werden, dass er das Maass der Abschnitte darstelle, in welche die Anordnung der Schrift in der zerstörten Urhandschrift das Ganze des Textes regelmässig zerfällte. Dies führt weiter darauf, dass diese Handschrift die Form eines in Colonnen beschriebenen und zum Aufrollen bestimmten Streifen hatte, wie dies der bekannten Gewohnheit des Alterthums entspricht; denn jenes Durchschnittsmaass der kleineren Stücke repräsentirt etwa den Umfang einer solchen Colonne, wie wir ihn aus erhaltenen Proben kennen lernen: es stimmt z. B. ziemlich genau zu der Ausdehnung, welche die Colonnen in der älteren der beiden Hypereideshandschriften zu haben pflegen. So setze ich denn, dass es eine Handschrift dieser Art war, an welcher der Zerstörungsprocess sich vollzog, indem die Rolle zerrissen oder zerbröckelt wurde und einzelne der dadurch von einander getrennten Theile verloren gingen, und dass der jetzige Zusammenhang der einzelnen Stücke das Ergebniss eines entweder sehr rohen oder sehr ungeschickten Wiederherstellungsversuches ist, bei welchem die verlorenen oder zerstörten Bruchstücke nicht in Betracht kamen. Dabei verkenne ich nicht, wie auffallend und erschwerend für diese Vorstellung es ist, dass sich so oft, scheinbar immer, die zerstörenden Risse so genau auf der Scheide zweier aneinanderstossenden Colonnen gehalten haben sollten, ohne diese selbst zu beschädigen. Der Grad von Wahrscheinlichkeit, welchen dieser Erklärungsversuch beanspruchen darf, ist allerdings ein sehr geringer; viel bedauerlicher aber als die Unsicherheit über diesen Punct ist die Unmöglichkeit, in der wir uns befinden, eine befriedigende Antwort auf eine andere Frage zu finden, welche durch den Stand der Überlieferung angeregt wird und von viel grösserer Bedeutung ist. Obwohl nämlich die Prüfung ergeben hat, dass die einzelnen Stücke des erhaltenen Textes ohne Ausnahme sich in den Rahmen derjenigen Auseinandersetzung fügen und sicher nicht bloss zufällig fügen, welche durch 1, 1 eingeleitet wird, so hat doch zugegeben werden müssen, dass dieser Rahmen durch das Erhaltene nicht vollständig ausgefüllt wird und nicht unbeträchtliche Theile der Ausführung verloren gegangen sind: einige wenigstens liessen sich zwar nicht ihrem Umfange, aber doch ihrem Inhalte und ihrer Stellung nach bestimmen. Bei solcher Beschaffenheit der Überlieferung nun bleibt möglich, dass weit mehr verloren gegangen ist, als sich unmittelbar errathen und bestimmen lässt, und damit fällt jede äussere Gewähr für die nun keinesweges mehr selbstverständliche Annahme, als sei das erhaltene Stück das nur in seinen Theilen beschädigte Ganze der Schrift und nicht vielmehr selbst nur ein Theil des ursprünglich umfangreicheren Ganzen. Die Frage: ob Theil ob Ganzes ist unter solchen Umständen eine offene und ihre Erledigung würde von um so grösserer Bedeutung sein, als ohne sie Einsicht in die Veranlassung und den Zweck der Schrift gar nicht zu erlangen ist. Soviel ich sehen kann, werden wir indessen darauf verzichten müssen, über diesen Punct jemals volle Klarheit zu gewinnen, und wird die Schrift nach dieser Seite uns immer ein ungelöstes Räthsel bleiben; wenigstens vermag ich zu seiner Lösung nichts beizutragen, was mich selbst befriedigen könnte, und mit einer blossen Meinung oder Vermuthung, auf die eine schwache und wenig zuverlässige Spur mich geführt hat, würde der Sache ebenso wenig gedient sein, wie durch die von Anderen verschiedentlich vorgetragenen sie mir gefördert zu sein scheint. Ich schliesse daher mit der Bemerkung, dass für die Behandlung dieser Frage eine sichere Grundlage gegeben sein würde, wenn auf die Partikel δέ zu Anfang des uns erhaltenen Stückes unbedingter Verlass wäre. Wäre sie ächt, so müsste das erhaltene Stück als Theil eines grösseren Ganzen, weil als die Fortsetzung von etwas Vorangegangenem betrachtet werden; allein es ist möglich, dass die Partikel erst eingeschoben ward, als die Schrift der Sammlung der Xenophontischen Schriften einverleibt wurde, um sie in eine äusserliche Beziehung zu der Schrift vom Staate der Lakedaemonier zu setzen, auf welche sie wenigstens in den Handschriften unmittelbar zu folgen pflegt. Bei der Ungewissheit über diesen Punct habe ich sie nothgedrungen oben im Texte belassen, will aber dadurch ein bestimmtes Urtheil über ihre Ächtheit oder Unächtheit nicht ausgesprochen haben.